Gran Canaria

Izabella Gawin

Inhalt

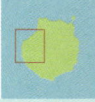

3

Das Beste zu Beginn

Auf dem Wasser

Was liegt auf einer Insel näher, als sich aufs Wasser zu begeben? Bei ruhiger See können Sie es mit einem SUP-Board versuchen und bei stärkerem Wellengang mit einem Bodyboard. In Las Palmas sowie in allen Ferienorten gibt es Schulen und Verleihstationen. Weniger Sportive besteigen ein Ausflugsboot, das längs der Küste bzw. hinaus aufs offene Meer schippert.

Fiesta Siesta

Krise hin, Krise her – den Lebensgenuss lassen sich die Canarios nicht nehmen! Dazu gehören Geselligkeit und gutes Essen, Ausgelassenheit und Gelassenheit. Sie werden dies im Alltag spüren, besonders stark aber bei einer Fiesta. Jedes winzige Dorf hält sich einen Heiligen, der den Vorwand für einen mehrtägigen Ausnahmezustand liefert. Das Fest aller Feste ist der Karneval, dem viele Canarios das ganze Jahr entgegenfiebern.

Kondition gefragt

Lieben Sie Einsamkeit in urwüchsiger Natur? Dann machen Sie sich auf die Socken ins Inselinnere! Viele ›Königswege‹ wurden restauriert, sodass Sie die Landschaften leicht auf eigene Faust entdecken können. Die Vielfalt ist schier grenzenlos. Da gibt es Panorama- und Pilgerwege, Abstiege in Vulkankrater und alpine Aufstiege – und fast immer ist das Meer in Sichtweite. Meist geht es erheblich hinauf bzw. hinab. So stählen Sie Ihre Muskeln!

Essen informell

In der Strandbar (chiringuito) sitzen Sie im Badezeug, die Füße im Sand, und genießen einen kühlen Drink. In Orten, in denen Fischer frische Ware bringen, bekommen Sie Meerestiere ohne Schnickschnack: kurz angebraten, eine Zitronenscheibe dazu – fertig ist das Gericht! Sie finden die Pinten z. B. in Arguineguín, Tasarte, Sardina und Arinaga. In Las Palmas können Sie im Umkreis der Markthallen (mercados) Tapas essen, am meisten los ist am Wochenende im Hafenmarkt.

Die Große der Kanaren

»Gran Canaria« – der Name hält, was er verspricht. Schließlich gibt es dort viele unterschiedliche Landschaften: wüstenartige Dünen und sattgrüne Almen, lichte Kiefernwälder und subtropische Oasen, Schneegipfel und Wolkenfelsen. Die Strände reichen von wild bis urban, und laden zu Spaziergängen und ausgiebigen Bade-Sessions ein – und zwar das ganze Jahr! Mietwagen sind hier die erste Wahl, da sie sehr günstig sind; bei guter Planung lässt sich auch mit dem Bus einiges unternehmen.

Das Buch zu Gran Canaria

... muss noch geschrieben werden. Aber immerhin gibt es einen guten Film, in dem Meeresbiologe Robert Hofrichter die Umweltsünden der letzten Jahrzehnte anprangert: von Hotels in Naturschutzgebieten über illegale Mülldeponien bis zur Überfischung der Küstengewässer. Die vom WDR produzierte Serie »Kanaren – Inseln der Umweltsünder« ist gratis online abrufbar.

Vamos a la playa o al monte?

An den Strand oder in die Berge? Das ist am Wochenende die Gretchen-Frage. Die Antwort gibt der Wind – teilweise jedenfalls. Denn weht er von Nord, ist der Süden wolkenfrei und dort das Strandvergnügen garantiert. Weht er von Süd, fährt man in den Norden und genießt die Playa der Hauptstadt Las Palmas. Prognostiziert der Wetterbericht stabiles Wetter für das Inselinnere, zieht die Karawane zu den Picknickplätzen der Gipfelregion. Packen auch Sie Ihren Picknickkorb und genießen Sie das Rauschen der Bäume und das hypnotische Hämmern des ›Kanarenpickers‹!

Ich gebe zu: Der touristische Süden ist nicht meine Lieblingsregion, ich bin lieber in der Hauptstadt. Sie finden mich zur Ebbe am Strand von Las Palmas, donnerstags beim Tapas-Abend in der Altstadt und freitagabends bei Musica Viva auf der Plaza Farray.

Fragen? Erfahrungen? Ideen?

Ich freue mich auf Post.

Mein Postfach bei DuMont:
gawin@dumontreise.de

Das ist Gran Canaria

Stellen Sie sich eine Torte vor, aus der jedes zweite Stück herausgeschnitten ist: so ungefähr sieht Gran Canaria aus! In der Mitte ragt der 1949 m hohe ›Schneegipfel‹ auf, der höchste Punkt der Insel. Von ihm senken sich Schluchten als ›herausgeschnittene Tortenstücke‹ in alle Himmelsrichtungen zur Küste hinab.

Im Norden grün, im Süden nackt

Im Durchmesser misst die Insel gerade mal 50 km, doch wartet sie mit unterschiedlichsten Landschaften auf. Von allem hat sie etwas, deshalb gilt sie als ›Miniaturkontinent‹. Die Vielfalt verdankt sie einem frischen Wind, dem Nordostpassat: Bei seinem Lauf über den Atlantik hat er sich mit Feuchtigkeit aufgeladen, die beim Kontakt mit den Inselbergen zu Wolken kondensiert. In dichten Bänken bleiben diese an der Nordseite Gran Canarias hängen – höhere, trockene Luftschichten hindern sie daran, weiter aufzusteigen. In der Wolkenzone, d. h. in mittleren Höhenlagen zwischen 400 und 1200 m, zeigt sich der Norden in allen Schattierungen von Grün, mit subtropischen Palmengärten, Terrassenfeldern und saftigen Almen; weiter oben breiten sich Kiefernwälder aus. Im Süden dagegen, in den nur vereinzelt Passatwolken gelangen, präsentiert sich die Landschaft als Vulkanskelett: Basaltfestungen, wohin man schaut, zerklüftete Grate und versteinerte Magmaschlote.

Ferienzentren im Süden

Gran Canarias **Flughafen** (🕮 H 5) liegt im Osten, 20 km nördlich die Hauptstadt Las Palmas. Längs der Südküste erstrecken sich die Ferienzentren, wo sich 90 % aller Urlauber einbuchen: Hier gibt es nicht nur Sonne satt, sondern auch die besten Strände und herrliche Dünen, dazu eine touristische Infrastruktur mit allem Drum und Dran – von Golfplätzen bis zu Wellness-Oasen.

Während **San Agustín** (🕮 E 8) vor allem Ruhe verspricht, bietet **Playa del Inglés** (🕮 E 9) etwas für jeden Geschmack: Strandurlaub für Singles und Familien, Outdoor-Angebote für Aktive und die besten Party-Adressen. An Playa del Inglés schließen sich zwei exklusive Ressorts an. Pluspunkt von **Maspalomas** (🕮 D 9) ist eine große Palmenoase, die sich über die Gärten mehrerer Fünfsternehotels erstreckt; **Meloneras** (🕮 D 9) punktet mit schlossartigen Mega-Hotels.

An der Klippenküste des Südwestens sind die Strände kleiner, dafür hat die Region das wärmste Wetter, weil sie im Windschatten des Passats liegt. Während in Playa del Inglés schon mal starke Böen Strandbesuchern den Sand in die Augen blasen, weht hier nur eine leichte Brise. Ein weiterer Vorteil: Von mehreren Häfen kann man zu Bootsausflügen starten und die Insel vom Wasser aus erleben. Während in **Patalavaca** (🕮 C 8) sowie in **Playa Amadores** (🕮 B 8) und **Puerto de Mogán** (🕮 B 7) ›gehobener Tourismus‹ dominiert, ist **Puerto Rico** (🕮 C 8) vor allem auf britische und skandinavische Urlauber mit kleinem Reise-Budget ausgerichtet.

Barrios populares – ›volkstümliche Viertel‹ – heißen die bunt angestrichenen Häusergruppen, die sich oberhalb der Altstadt stapeln. Hier wohnt Las Palmas' weniger begüterte Bevölkerung …

Der große Rest – abseits der Ferienzentren

Lichtjahre trennen die Mega-Resorts im Süden von den dramatischen Landschaften im Inselinnern, die sich seit der Zeit der Ureinwohner nicht groß verändert haben. Hier geht das Leben seinen kanarisch-gemütlichen Gang. Der Alltag spielt sich rund um die Dorfbar ab, wo Schinkenkeulen von der Decke hängen und dicke Käselaibe auf der Theke stehen. Serviert wird Deftiges aus eigenem Anbau mit dem dazu passenden Inselwein, und auch wenn kaum jemand Deutsch versteht, werden Sie sich bestens aufgehoben fühlen. Übernachtet wird in Landhäusern und kleinen Hotels: je nach Gusto an der **Küste** in Orten wie **La Aldea de San Nicolás** (📖 A 4), **Puerto de las Nieves** und **Agaete** (📖 C 2) oder in den **mittleren Höhenlagen,** in denen es allerdings im Winter recht kühl sein kann (Hotels in Firgas, Fontanales, Arucas und Teror, Vega de San Mateo, Bandama und Santa Brígida).

Spektakulär ist das **zentrale Gebirgsmassiv,** das als UNESCO-Biosphärenreservat unter Naturschutz steht. Komfort-Hotels gibt es in **Cruz de Tejeda, Tejeda** (📖 D 4) und **San Bartolomé** (📖 E 5), etwas einfacher wohnt man in Fataga, Barranco de Ayagaures und Santa Lucía.

Ein Urlaub ganz anderer Art erwartet Sie in **Las Palmas** (📖 G 1/2): *»Vamos a la capi!«* (Gehen wir in die Hauptstadt!) sagen die Kanarier, wenn sie etwas sehen und erleben wollen: Die größte Metropole der Kanaren hat einen wunderbaren, 4 km langen Strand, ein Multikulti-Hafenviertel und eine stimmungsvolle Altstadt mit viel Kultur. Hier machen Sie Urlaub unter Einheimischen!

Gran Canaria in Zahlen

1
Stunde müssen Sie Ihre Uhr
vorstellen.

3,2
Mrd. € lassen Touristen jedes
Jahr auf der Insel.

10
% der Einwohner sind Zuge-
reiste, viele davon Deutsche.

24
Wal-Arten wurden vor der Küste
gesichtet.

7
Golfplätze hat die Insel, darunter Spaniens ältesten von 1891.

8
bewohnte Kanarische Inseln
gibt es: Gran Canaria, Lanzarote, La Graciosa, Fuerteventura,
Teneriffa, La Gomera, La Palma,
El Hierro.

50
km zählt Gran Canaria im Durchmesser.

53
Barrancos (Schluchten) senken
sich von der Inselmitte zu den
Küsten.

200
km ist die Insel von Afrika
entfernt.

236
Küstenkilometer hat die Insel.

26 000
Studenten sind an der Uni Las Palmas eingeschrieben.

538
Pflanzen wachsen nur auf Gran Canaria, nirgends sonst auf der Welt.

120 000
Touristenbetten drängen sich vor allem im Süden.

1000
km Wanderwege führen kreuz und quer durch die Landschaft.

850 000
Grancanarier gibt es, knapp die Hälfte davon lebt in der Hauptstadt.

20 000
€ und mehr kostet das Kostüm der Karnevalskönigin.

4 500 000
Urlauber kommen jedes Jahr.

1949
m misst der Pico de las Nieves (Schneegipfel), der höchste Berg der Insel.

So schmeckt Gran Canaria

Die Inselküche ist einfach, sie lebt von frischen Zutaten, starken Gewürzen und erstklassigem Olivenöl. Der Bestseller ist Fisch – aus dem Meer gleich in die Pfanne und ohne Schnickschnack gebraten, nach der Devise: bester Rohstoff benötigt keinerlei Zutat! Inspiriert ist die Küche aber auch von den Starköchen auf dem spanischen Festland: ›Kreative kanarische Küche‹ ist leichter und wandelt Traditionelles raffiniert ab.

An der Küste: Fisch

Das Meer zwischen den Kanaren und der Sahara gilt als das fischreichste der Welt. Kein Wunder, dass Meeresgetier auf der Speisekarte ganz oben steht. Fisch gibt es in vielen Varianten: frittiert, gebraten und gegrillt, gekocht, gedünstet und gedörrt oder im Salzmantel gebacken. Groß ist die Auswahl an Schalen- und Weichtieren. Da gibt es *gambas* (Garnelen) und *langostinos* (Langusten), *lapas* (Napfschnecken) und *mejillones* (Miesmuscheln), *cigala* (Kronhummer) und *carabinero* (Königsgarnele).

In den Bergen: Fleisch

Außer Ziege und Kaninchen werden alle übrigen Fleischsorten vom spanischen Festland bzw. aus Südamerika eingeführt. Gern wird Fleisch *en adobo* zubereitet: eingelegt in einer scharfen

Das Mehl aus geröstetem Getreide kannten schon die Ureinwohner. Man verwendet es zum Andicken von Suppen; mit Brühe vermischt wird daraus ein Brei, der mit Zwiebelschalen als Beilage gelöffelt wird.

Marinade, dann in der Pfanne gebraten, im Tontopf geschmort oder über Holzkohle gegrillt. Fleisch ist auch ein wichtiger Bestandteil der herzhaften Eintöpfe. Beim *puchero* werden Fleischstücke mit allerlei Gemüse gar gekocht. Bei *ropa vieja* (›alte Wäsche‹) wird Fleisch mit Kichererbsen vermengt, mit Wein und frischem Thymian

---

KLEINER KULINARISCHER SPRACHFÜHRER

comida casera – Hausmannskost, deftig und frisch zubereitet
menú del día – dreigängiges, günstiges Menü, oft inkl. Getränk
pinchos & montaditos – Spießchen & Kanapees
tapas – kleine Tellergerichte, die meist an der Bartheke verputzt werden
almendrados – Mandelmakronen
bienmesabe – wörtl. ›schmeckt-mir-gut‹, Mandel-Zitronen-Honigmousse

cabra/conejo en adobo – mariniertes Ziegen-/Kaninchenfleisch
gofio – geröstetes, gemahlenes Getreide
potaje de berros – Wildkressesuppe
puchero – Gemüse-Fleisch-Eintopf
queso asado – gebratener Ziegenkäse
sancocho – Sonntagsgericht mit gedörrtem Fisch, Süß- und Normalkartoffeln
tortilla – Kartoffelomelett

Runzelkartoffeln mit Mojo

abgeschmeckt. Der kuriose Name des pikanten Gerichts verweist auf seinen Ursprung als Reste-Essen.

Wasser, Wein und Bier aus dem Vulkan

Erfrischend schmeckt das inseleigene Mineralwasser der Marken Firgas, Teror und Gáldar, das aus den Tiefen der Vulkane stammt. Es wird auch zum Brauen des hellen Inselbiers Tropical verwendet. Traditionsreich ist der Inselwein, dessen Reben von der Küste bis hinauf in die Bergregion wachsen – entsprechend vielfältig ist ihr Geschmack (▶ S. 92).

K
KÄSE

Wenn Sie vor der Theke eines größeren Supermarkts stehen, werden Sie über die Vielfalt der einheimischen Molkereiprodukte staunen. Da gibt es Ziegen-, Schafs- und Kuhmilchkäse, jung, gereift und geräuchert, aus roher und aus pasteurisierter Milch, mit Paprika- oder Gofio-Rinde. Ursprungsgeschützt ist der *queso de flor*, ein höhlengereifter, cremiger ›Blütenkäse‹, dem der Saft einer Distel eine herbe Note verleiht (▶ S. 82).

PAPAS ARRUGADAS CON MOJO (VERDE)

Der kanarische Klassiker: ›Gerunzelte‹ Kartoffeln werden mit Pelle und Salzkruste gegessen – besonders gut schmecken sie, wenn man sie in Mojo-Soße tunkt. *Mojo rojo* (rote Soße) heißt die scharfe, mit Chili zubereitete Variante, *mojo verde* die mildere, die fantastisch zu Fisch schmeckt.

Zutaten
• 1 kg kleine, junge Kartoffeln
• Meerwasser (alternativ Leitungswasser und 100–200 g Meersalz)

Für die Soße:
• 3 Knoblauchzehen
• 1 Teelöffel Kreuzkümmelsamen
• je ein halbes Bund Petersilie und frischer Koriander
• 100 ml gutes Olivenöl
• 50 ml Essig, am besten weißer Balsamico
• Salz
• evtl. 1 grüne Paprikaschote

Zubereitung
Die gut gewaschenen, nicht geschälten Kartoffeln mit Meerwasser bedecken und garkochen (bzw. Leitungswasser nehmen und Salz hinzufügen). Anschließend das Wasser abgießen, etwas Salz über die Kartoffeln streuen und auf kleiner Flamme weiterschmoren, bis sie runzelig aussehen.
In der Zwischenzeit Kreuzkümmel und geschälte Knoblauchzehen im Mörser (bzw. Mixer) zerstampfen und Salz beigeben.
Dann gehackte Petersilie sowie Koriander (und evtl. fein geschnittene Paprikaschote) hinzufügen. Die Masse gut vermengen, mit Olivenöl, Essig und etwas Wasser anreichern, bis eine cremige Konsistenz entsteht.

Ihr Gran Canaria-Kompass

#2
Die Steinzeit lässt grüßen – **Barranco de Guayadeque**

#3
An der Südspitze der Insel – **die Dünen von Maspalomas**

In Höhlen hausen

VOM WINDE VERWEHT

#1
Geschichte konkret – **Casa de Colón**

AUF KOLUMBUS' SPUREN

WOMIT FANGE ICH AN?

1 2 3

15

Weiße Pracht **im warmen Süden**

#15
Fels und Schnee – **Roque Nublo und Pico de las Nieves**

14

13

12

SEHR KULTIG

#14
Altkanarischer Kultplatz – **am Roque Bentayga**

AB-STEIGEN IN EINEN KRATER ?

Berauschende HÖHEN

#13
Blick über die Insel – **von Cruz de Tejeda nach Tejeda**

#12
Wein und Vulkan – **rund um Bandama**

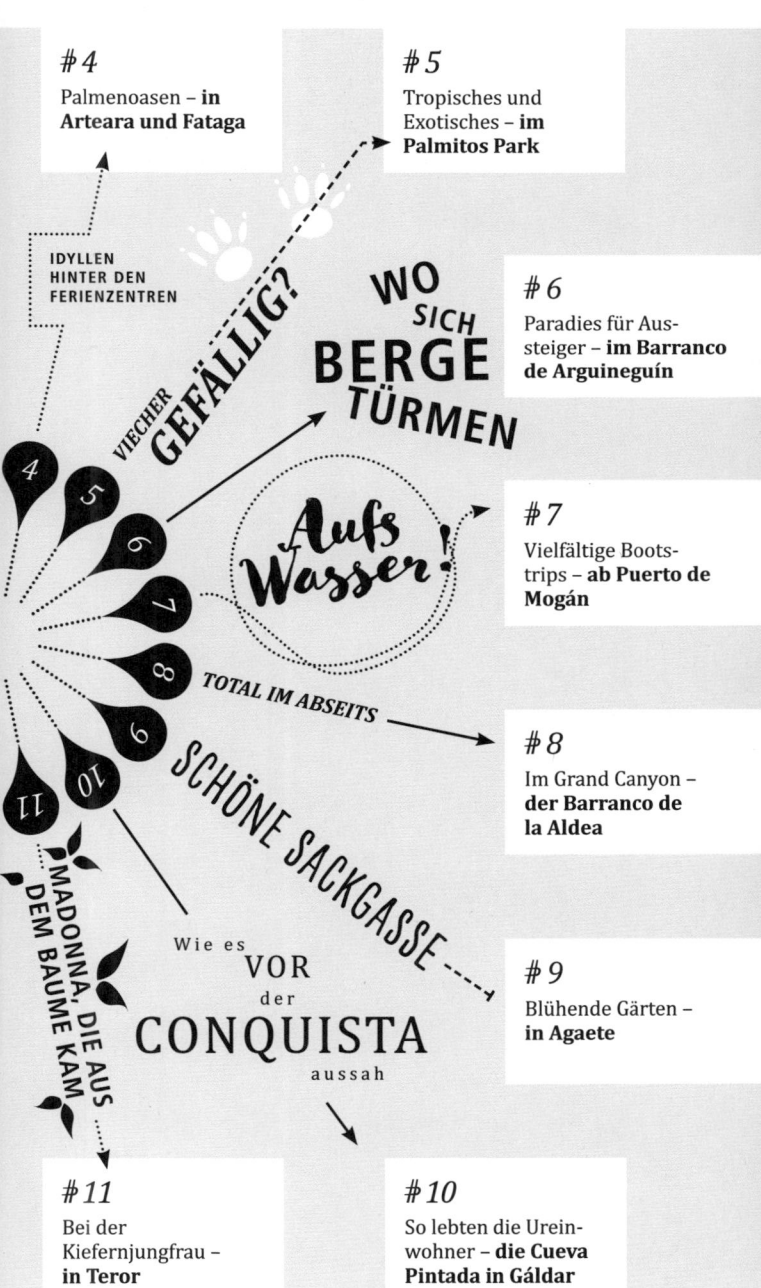

#4

Palmenoasen – **in Arteara und Fataga**

#5

Tropisches und Exotisches – **im Palmitos Park**

IDYLLEN HINTER DEN FERIENZENTREN

VIECHER GEFÄLLIG?

WO SICH BERGE TÜRMEN

#6

Paradies für Aussteiger – **im Barranco de Arguineguín**

Aufs Wasser!

#7

Vielfältige Bootstrips – **ab Puerto de Mogán**

TOTAL IM ABSEITS

#8

Im Grand Canyon – **der Barranco de la Aldea**

SCHÖNE SACKGASSE

MADONNA, DIE AUS DEM BAUME KAM

Wie es VOR der CONQUISTA aussah

#9

Blühende Gärten – **in Agaete**

#11

Bei der Kiefernjungfrau – **in Teror**

#10

So lebten die Ureinwohner – **die Cueva Pintada in Gáldar**

Las Palmas und der Osten

»Vamos a la capi!« – »Fahren wir in die Stadt!«
Sagen Canarios, die etwas erleben wollen. Über den
großen Hafen sind schon immer fremde Menschen
und Ideen in die Stadt geschwappt, sie sorgten für
ein erfrischendes Ambiente. Las Palmas bietet Shop-
ping bis zum Abwinken, Sightseeing nicht nur in der
Altstadt und gute Ausgeh-Adressen für den Tag und
für die Nacht. Mit der Playa de las Canteras gibt es auch einen großen
Strand – zu Weihnachten entsteht an seinem Nordende eine gigantische,
aus Sand geschaffene Krippe.

Las Palmas 📍 G 1/2

Cityplan S. 18

Über 11 km erstreckt sich die Insel- und Provinzhauptstadt längs der Küste. Sie klettert die Hänge der Halbinsel La Isleta empor und greift weit ins hügelige Hinterland aus. Für Besucher interessant sind die historischen Viertel Vegueta und Triana, die ›Gartenstadt‹ Ciudad Jardín schließt sich nordwärts an. Wo die Stadt taillenförmig auf die Halbinsel La Isleta zuläuft, liegt Canteras-Catalina mit einem 4 km langen Paradestrand an der West- und einem großen Hafen an der Ostseite. Mittelpunkt der Altstadt Vegueta ist die palmenbestandene Plaza Santa Ana. Sie wurde Ende des 15. Jh. auf Befehl der spanischen Könige angelegt und ist bis heute die Visitenkarte der Stadt.

WAS TUN IN LAS PALMAS?

Die Kathedrale besichtigen
Alles Schöne liegt in der Altstadt dicht beieinander. Steuern Sie zunächst die Plaza Santa Ana an, Las Palmas' herrschaftlichen Hauptplatz. Die Türme der **Catedral de Santa Ana** 1 dienen als Wegweiser! Am Kirchen-Koloss wird seit 500 Jahren gebaut, doch trotz eines Stilmixes von Gotik bis Neoklassizismus wirkt sie wie aus einem Guss. Drinnen sorgen drei Schiffe, sieben Seitenkapellen und eine große Kuppel für Weite. Doch der Clou sind die Säulen, die in einem an Palmenkronen erinnernden Fächergewölbe ausklingen. Zum Abschluss können Sie per Lift zur Aussichtsterrasse hinauffahren und sich einen Überblick über die Stadt verschaffen. Ist die Kathedrale verschlossen, ist es möglich, durch das angrenzende **Museo Diocesano** einzutreten. Dort wird rings um einen romantischen, von Holzgalerien eingefassten Innenhof Sakralkunst

ausgestellt (Plaza Santa Ana/Calle Espíritu Santo 20, Mo–Fr 10–16.30, Sa 10–13.30 Uhr, 3 €, Turm zusätzlich 1,50 €, Zugang über das Museum; während der Morgen-, Abend- und Sonntagsmesse freier Eintritt).

Durch Altstadtgassen bummeln
Am gegenüberliegenden Kopfende der Plaza Santa Ana steht das Alte Rathaus (**Casas Consistoriales** 2) mit einer Touristeninfo. Haben Sie Glück, können Sie in die ›heiligen Hallen‹ eintreten und Gemälde anschauen – eindrucksvoll ist das im Treppenhaus postierte Großbild »Emigranten«, das an das Schicksal vieler Canarios erinnert. Vom Alten Rathaus ist es ein Katzensprung zum **San Martín Centro de Cultura Contemporánea** 3, dem klassizistischen Prachtbau eines ehemaligen Spitals, der voraussichtlich 2020 als Museum zeitgenössischer Kunst neu eröffnet wird (Calle Ramón y Cajal 1). Ein Muss für alle Kunstfreunde ist das **Centro Atlántico de Arte Moderno CAAM** 4 im Schatten der Kathedrale. Hinter der Fassade historischer Herrenhäuser erwarten Sie modern entschlackte,

---

H
HUNDE

Canis Canaris: Die auf der Plaza Santa Ana postierten Bronzehunde erinnern an einen Mythos. Plinius d. Ä. verortete im 1. Jh. die Kanaren erstmals geografisch korrekt, doch wo sein Wissen nicht reichte, griff er zur Fantasie: Die runde Insel in der Mitte des Archipels bezeichnete er als ›Gran Canaria‹, weil es, so mutmaßte er, hier so ›viele große Hunde‹ (lat. *canis*) gäbe. Doch weder gab es damals Hunde auf der Insel, noch sprachen die Ureinwohner Latein. Sie nannten ihre Insel Tamarán (berberisch *tamara* = Dattel), sich selbst Canarii: Aus der Verballhornung ihres Namens mag Plinius seinen Begriff geprägt haben.

Kommen Sie auch mal im Sommer nach Gran Canaria! Dann löst eine Fiesta die nächste ab – hier die glühenden Pferde der französischen Compagnie des Quidams vor der Kathedrale von Las Palmas beim Tanz- und Theaterfestival Temudas (Juli).

lichtdurchflutete Gemächer. Hier gefällt nicht nur die Architektur, sondern auch die ausgestellte, meist provokative Kunst (Calle Los Balcones 9–15, www.caam. net, Di–Sa 10–21, So 10–14 Uhr, Eintritt vorerst frei).

Wer dagegen etwas über die Ureinwohner erfahren will, ist mit dem **Museo Canario** 5 bestens bedient. Dank der hier ausgestellten Funde wird ihr Alltag rekonstruiert – von der Ankunft der Canarii aus Nordwestafrika im 5. Jh. v. Chr. bis zur spanischen Eroberung im 15. Jh. Besonders interessant ist der Saal mit Mumien und Skeletten – Dutzende liegen erstaunlich gut erhalten in ihren Glassärgen. Obgleich die altkanarische Mumifizierung – anders als die altägyptische – ohne Einbalsamierung und Totenmaske auskam, war sie doch sehr aufwändig: Nach dem Waschen und Trocknen wurden dem Leichnam die Eingeweide entnommen und durch ein spezielles Gemisch ersetzt, dem auch Kiefernrinde und Bimsstein beigegeben waren. Alsdann wurde die Mumie in Lederhüllen eingenäht und in eine Binsenmatte gehüllt. In der Regel wurde ihr Kopf nach Norden, die Füße nach Süden ausgerichtet (Calle

Dr. Verneau 2/Ecke Dr. Chil 25, www.elmuseocanario.com, Mo–Fr 10–20, Sa, So 10–14 Uhr, 5/3 €).

Sehen, wie Canarios genießen

Auch die **Alameda de Colón** ist von fast allen Seiten von Prachtbauten gesäumt. An der Südseite öffnet das elegante Kulturzentrum **CICCA** 6, an der Ostseite das **Hotel Madrid** 7 mit einem Terrassencafé und musealen Innenräumen. Im Bar- und Restaurantbereich kann man auf Fotos die vielen Berühmtheiten sehen, die hier eingekehrt sind: Schauspieler, Sänger, Schriftsteller und Maler. Gleichfalls auf einem Foto verewigt ist General Francisco Franco, der in der Nacht vor seinem Staatsstreich im Zimmer Nr. 3 geschlafen haben soll. Noch immer soll es zahlreiche, insbesondere spanische Gäste geben, die nach speziell diesem Zimmer fragen …

Blickfang des Platzes ist das vom Jugendstil inspirierte **Gabinete Literario** 8, dessen Inneres aus einem grandiosen, mehrgeschossigen Lichthof besteht. Seit das Gabinete staatliche Subventionen erhält, ist der Privatclub betuchter Bürger zum Kulturzentrum avanciert. Mit

dem ältesten Aufzug der Stadt, einem kuriosen Mahagoni-Kabinett, fahren Sie in die Galerie im obersten Stock; mit etwas Glück kommen Sie abends in den Genuss von Musik im Goldenen Salon. Der livrierte Portier gibt gern Auskunft über alle Veranstaltungen (www.gabineteliterario.com, tgl. 10–21 Uhr, Eintritt frei). Abgeschlossen wird der Platz von der **Iglesia de San Francisco** 9 (1635) mit schöner Holzkassettendecke und vergoldetem Altar.

Einen Boulevard entlangflanieren

Die Jugendstilhäuser der 1 km langen Einkaufsstraße **Triana** strahlen Leichtigkeit aus. Gern flanieren hier die Canarios – und es macht Spaß, sich ihrem Strudel zu überlassen. Zwar wurden viele Traditionsläden von Filialen internationaler Ketten verdrängt; doch in den gleichfalls verkehrsberuhigten Seitenstraßen findet man noch viele kleine Boutiquen. Dort entdecken Sie auch das **Museo Pérez Galdós** 10, das Geburtshaus des spanischen Nationaldichters, dessen Romane »Nazarín« und »Tristana« von Luis Buñuel kongenial verfilmt wurden (Calle Cano 2–6, www.casamuseoperezgaldos.com, Di–So 10–18 Uhr, 3/1,50 €).

Die Triana mündet in den **Parque San Telmo,** einen großen begrünten Platz, der seinen Namen der Seemannskapelle **Ermita San Telmo** 11 verdankt. Zwei Jugendstil-Pavillons mit Touristen-Info und Café sorgen für nostalgisches Flair; an der Meerseite führt eine Treppe zum zentralen Busbahnhof hinab (Estación de Guaguas San Telmo).

Einfach mal abschalten

Das **Pueblo Canario**, ein ›kanarisches Dorf‹ sollte in den 1930er-Jahren Modell stehen für die touristische Entwicklung Gran Canarias. Rings um einen großen kopfsteingepflasterten Platz, der 2019 restauriert wird, reihen sich weiße Häuser mit Holzbalkonen. Idealisiert wie die Architektur ist das im **Museo Néstor** 12 ausgestellte Oeuvre des Künstlers Néstor de la Torre (1887–1938): Während rings um ihn die Welt in Trümmer fiel, malte er bizarre Meerestiere, wuchernde Pflanzen und laszive (Männer-)Körper (Pueblo Canario, www.laspalmasgc.es/mnestor, 2 €; bleibt 2019 wegen Restaurierung geschlossen, ebenso das Lokal Bodegón

Canario.) Überragt wird das ›Dorf‹ vom **Hotel Santa Catalina** 13, dem traditionsreichsten Hotel der Stadt. 1890 von einer britischen Firma erbaut, wurde es 1947 von Néstors Bruder Miguel aufgepeppt. Auch hier dominieren Türmchen und Holzbalkone, doch ist alles eine Nummer größer. Die Hotelveranda ist ein guter Ort, um einen Kaffee zu trinken, bevor Sie den kleinen, aber feinen **Parque Doramas** mit Wasserspielen, Palmen und Drachenbäumen erkunden. Zur Meerseite hin liegt der **Jachthafen,** von dem um den 20. November Hunderte von Seglern zur großen Karibik-Regatta starten.

Shoppen und schauen im Catalina-Viertel

Während in der Altstadt die Kanarier unter sich sind, ist hier das Publikum international. Dafür sorgt nicht nur der Hafen, der Seeleute aus aller Welt ›anschwemmt‹, sondern auch der Stadtstrand, der im Winter viele Mittel- und Nordeuropäer anlockt. Zugleich ist das Viertel ein wichtiges Shopping-Revier: mit Kaufhäusern an der Avenida Mesa y López und Einkaufszentren an der Catalina-Mole und gegenüber dem Auditorium. Herz des Viertels ist der **Parque de Santa Catalina,** ein weitläufiger, begrünter Platz, Bindeglied zwischen Hafen und Strand. Unter großen Segeldächern spielen Männer Karten, Domino und Schach; Terrassencafés bieten sich für eine Pause an. Im Parque finden – von Karneval über Jazz bis zu Open-Air-Kino – wichtige Veranstaltungen statt. Kulturell genutzt werden auch die beiden Gebäude, die den Park zum Hafen hin abschirmen: Während das Edificio Miller Ausstellungen zeigt, befindet sich im **Museo Elder** 14 das Wissenschaftsmuseum. Ob Mikro- oder Makro-Materie, kleinste Teilchen oder Stern-Galaxien – hier wird ein erfrischend praktischer Zugang zu den Wundern der Welt gewährt (Parque Santa Catalina, www.museoelder. org, Di–So 10–20 Uhr, 6 €). Ein paar Schritte weiter können Sie von einer schicken Esplanade **Schiffe schauen:** Vom Kreuzfahrtriesen Queen Mary bis zum Großsegler Gorch Fock legen hier im Winter fast täglich ungewöhnliche Schiffe an.

Die pompöse Gala zur Feier der Karnevalskönigin – mit vielen Show-Elementen und poetisch-akrobatischen Einlagen

Der Top Spot der Surfer ist Cícer, der südliche Abschnitt der Playa de las Canteras. Dort ist das dem Strand vorgelagerte Riff unterbrochen, sodass Atlantikbrecher ungehindert heranrollen können.

Beachen und Baden

Von ihrer schönsten Seite zeigt sich die Stadt an der 4 km langen **Playa de las Canteras,** die auf voller Länge von einer Flanierpromenade begleitet wird. Ein vorgelagertes Riff sorgt dafür, dass sich die Wellen vor der Küste brechen und in abgeschwächter Form ans Ufer rollen. Nur am Südwestende des Strandes (Cícer), wo sich das Auditorium wie eine Burg über den Fluten erhebt, ist das Riff ausgesetzt. Dort erlebt man die ganze Wucht des Atlantiks – die vielen Wellenreiter freut's! Am besten baden kann man im Nordabschnitt der Playa, deren Ende durch **La Puntilla,** das ›kleine Kap‹, markiert ist. In seinem Schutz sind zahlreiche Fischerboote aufgebockt. An vielen Zugängen zum Strand befinden sich Fuß- bzw. Körperduschen; Toiletten und Umkleidekabinen gibt es am jeweiligen Strandende sowie auf halber Strecke beim Hotel Reina Isabel. Nur wenige Besucher gehen über die Playa de las Canteras weiter nordwärts bis **El Confital.** Dabei hat die Küste hier einen ganz eigenen Reiz: Erkaltete Lavabänke lassen die Küste als ein Riesengerippe erscheinen, dazwischen schieben sich weiße Sandfurchen. Ein Klippenweg mündet in Holzplankenterrassen, auf denen es sich gut sonnenbaden lässt.

Ein Burgmuseum, das lohnt …

Über die Straßen von La Isleta, der mit Vulkanen gespickten Halbinsel, kommt man in den Hafen **Puerto de la Luz.** Unterwegs lohnt ein Halt am **Mercado del Puerto** 🛈, einer gusseisernen Markthalle à la Eiffel anno 1900. Hier bekommt man frisches Obst und Gemüse, Fisch und Fleisch, mittags und abends auch Tapas und Getränke (▶ S. 27). Ein Stück weiter liegt das **Castillo de la Luz** `15`, davor ein kleiner Park. 1478 hatten hier die spanischen Eroberer einen Wachturm aus Holz errichtet, der um die Mitte des 16. Jh. zu einer imposanten Festung mit dicken Mauern und Türmen ausgebaut wurde. Sie war mit elf Kanonen ausgestattet und vermochte die Stadt vor zahlreichen Piratenangriffen zu schützen. Nur der Flotte des Niederländers Pieter van der Does gelang es 1599, die Anlage zu plündern und in Brand zu setzen. Sie wurde rasch wiederaufgebaut und bis ins 19. Jh. militärisch genutzt. Seit 2015 bieten die dicken Natursteinmauern eine fantastische Kulisse für die filigranen Stahlskulpturen des in Las Palmas geborenen Star-Bildhauers Martín Chirino (www.fundacionmartinchirino.org, Mo–Sa 10–19, So 10–14 Uhr, 4 €). Haben Sie jetzt vielleicht Lust, La Isleta zu erkunden? Das ehemalige Seemanns-

und Arme-Leute-Quartier, dessen Häuser die Hänge emporklettern, wandelt sich langsam, aber sicher zu Las Palmas' Szeneviertel. In einigen Straßen spürt man noch das Ambiente von anno dazumal mit alten Barbierstuben und Tante-Emma-Läden, die bis tief in die Nacht geöffnet bleiben. Dazwischen mischen sich Bioläden und Hostel, Coworking-Locations und alternative Kulturzentren.

SCHLEMMEN, SHOPPEN, SCHLAFEN

 In fremden Betten

Klassisches Strandhotel
Reina Isabel ❶
Das Viersternehaus ist nur durch die Promenade vom Strand getrennt. Die Zimmer zur Straße sollte man meiden, der Meerblick ist vorzuziehen. Freilich hält man sich ohnehin fast immer draußen auf: im Wintergarten, wo auch das Frühstücksbüfett eingenommen werden kann, auf der Bel Etage im 8. Stock mit großem beheizten Pool und kleinem Spa oder auf einer der Hotelliegen am Strand.
Calle Alfredo L. Jones 40, T 928 26 01 00, www.bullhotels.com, DZ ab 170 €

Geräumig
Canteras Vista Playa ❷
Modernes Haus an der Strandpromenade. Fünf Apartments haben Schlafzimmer, Wohnküche und Balkon mit Meerblick; fünf weitere weisen nach hinten zur Straße, bieten aber – bei gleichem Preis – doppelt so viel Raum.
Calle Prudencio Morales 23, T 928 46 27 92, www.canterasvistaplaya.com, Ap. ab 80 €

Aus alt mach neu
Design Plus Bex ❸
Aus der ›Auslandsbank‹ wurde ein Hotel mit 97 Zimmern im Retrostil, nur wenige Schritte vom Catalina-Park entfernt. Geld und Gold wohin man schaut, Bankräuber aus Filmklassikern an der Wand, ein prächtiges Frühstück im ehemaligen Banksafe und beste Aussicht vom Pool auf der Dachterrasse!
Calle León y Castillo 330, T 928 9710 71, www.designplusbexhotel.com, DZ ab 70 €.

Legendär
Madrid ❹
Toll ist die Lage an einem der schönsten Plätze, auch die historische Architektur gefällt. Die meisten der 18 schlichten Zimmer verfügen über ein eigenes Bad.
Plaza de Cairasco 4, T 928 36 06 64, www.hotelreycarlos.com/hotels/hotel-madrid, DZ ab 50 €

Sehr persönlich
La Casa de Vegueta ❺
Das historische Herrenhaus in einer Altstadtgasse hat nur drei DZ, dazu einen Salon und einen Frühstücksraum – alles stilvoll eingerichtet von Ana, die sich engagiert um ihre Gäste kümmert. Eine gute Adresse, um am Leben der Einheimischen teilzunehmen!
Calle Pedro Díaz 5, Mobil 696 46 89 82, www.lacasadevegueta.com, DZ ab 100 €

Lust auf Leute?
Tropical House ❻
In einem 1000 qm großen Altstadthaus (5 Gehmin. vom Busbahnhof) versteckt sich ein tolles Hostel: großzügig gestaltet und von Tiin und seinem Team liebevoll geführt. Bunte Wandgemälde beschwören die ›tropische‹ Flora der Kanaren herauf, im weiten Innenhof wachsen Bananenstauden. Es gibt 9 Doppel- bis Vielbettzimmer für 45 Personen, eine große, gut organisierte Gemeinschaftsküche und ein Atelier für kreative Stunden (Yoga, Malen, Spanisch lernen).
Calle Buenos Aires 22, Triana, T 671 50 53 59, DZ 50 €, ab 16 € p.P.

🍴 **Satt & glücklich**

In der Altstadt Vegueta isst man rund um die Markthalle, in der Triana rings um die Alameda de Colón. Die größte Gastro-Vielfalt bietet das Viertel Catalina-Canteras. Nette Tapas-Bars gibt es z. B. im Hafen-Markt (▶ S. 27), an der

Geschichte konkret –
Casa de Colón

Wussten Sie, dass Las Palmas Spaniens erste Stadt ›in Übersee‹ war? Als sie 1478 gegründet wurde, war die Neue Welt Amerika noch gar nicht entdeckt! Das Kolumbushaus führt Sie in die Kolonialzeit zurück.

ÜBRIGENS

Nachdem Spanien seine Weltmachtstellung eingebüßt hatte, verlor auch der Kanarische Archipel seine Bedeutung als Brückenkopf zwischen den Kontinenten. Wirtschaftliche Not zwang Tausende, ihr Glück in Übersee zu suchen. Im **Kolumbushaus** werden die Emigrationsströme nachgezeichnet, ebenso kulturelle Spuren, die die Kanarier in Amerika hinterließen – von der Stadtgründung San Antonio in Texas bis zum kulinarischen Gofio-Export nach Venezuela, der ›achten kanarischen Insel‹.

Unbekannter Atlantik

Im Kolumbushaus wird nachgezeichnet, zu welch gewagten See-Expeditionen die Europäer im Mittelalter aufbrachen. Eher zufällig stießen sie dabei auf die Kanarischen Inseln, die ihnen fortan als Sprungbrett nach Afrika und in die unbekannten Weiten des Atlantiks dienten. Mit den ›wilden‹ Canarii, auf die sie stießen, machten sie kurzen Prozess: Sie wurden als Sklaven verkauft und mit dem Erlös weitere Entdeckungsfahrten finanziert. Freilich war das Los der Inselbewohner nur das Vorspiel zu dem, was in der Neuen Welt nach ihrer Entdeckung in großem Maßstab geschah.

Neue Welt 1492

1492 war Kolumbus nach Gran Canaria gekommen und hatte in der Gouverneursresidenz gewohnt, die heute ins Kolumbushaus integriert ist. Von den Kanaren, so hoffte er, würde ihn der Passatwind automatisch in jene Richtung bringen, in der er Indien, das Land der unbegrenzten Reichtümer vermutete. Indien hat Kolumbus nie erreicht, wohl aber einen neuen, den Europäern unbekannten Kontinent, der später Amerika heißen sollte. Eine originalgetreue Nachbildung von Kolumbus' Kajüte zeigt, wie komfortabel er reiste – nicht nur 1492, sondern auch in den Folgeexpeditionen von 1493, 1498 und 1502. Jedes Mal nutzte er Las Palmas als Zwischenstation, um vor der Atlantikquerung frischen Proviant an Bord zu nehmen.

Sprungbrett in die Neue Welt

Die spanischen Eroberer taten es ihm gleich, u. a. Ovando, Magellan und Mendoza, Pizarro und Cortés. Faksimile-Karten zeigen, wie sich das Welt-

Das Westportal der Casa de Colón: In Stein gemeißelt sind Bären, Schlangen, Pflanzen-ornamente, aztekische Köpfe …

bild der Europäer mit jeder Entdeckung weitete: Aus einer flachen Scheibe wurde eine Kugel mit neuen Erdteilen und Ozeanen. Im Museum wird versucht, die erste Globalisierung nachzuzeichnen: Zuckerrohr aus Gran Canaria gelangte in die Neue Welt, wo es bald so prächtig gedieh, dass es das kanarische verdrängte. Ein maßstabsgetreues Modell von Las Palmas anno dazumal weist nach, dass es als Modell für manch eine Stadtgründung in Übersee diente. Im Gegenzug kamen von dort exotische Früchte wie Kakao, Kaffee und Kartoffeln. Auch Kunstwerke, die den amerikanischen Ureinwohnern geraubt wurden, fanden den Weg nach Las Palmas: Im schummrigen Kellergewölbe sind über 160 Werke ausgestellt, u. a. Götterdarstellungen der Mayas und Azteken.

Architektur-Collage

Das Kolumbushaus, zusammengestellt aus Gebäuden vom 16. bis 18. Jh., spiegelt den Geist der Epoche. Mit seinen Balkonen und mächtigen Portalen, in die amerikanisch inspirierte Ornamente eingemeißelt sind, präsentiert es sich als prachtvoller Adelspalast. In mehreren Innenhöfen, von Holzgalerien gesäumt, wuchern Grünpflanzen; knallbunte Papageien grüßen mit krächzender Stimme.

INFOS/ÖFFNUNGSZEITEN
Casa de Colón 16: Calle Colón 1, www.casadecolon.com, Mo–Sa 10–18, So 10–15 Uhr, 4/2 €

KULINARISCHES FÜR ZWISCHENDRIN
In der Nähe liegen zwei verkehrsberuhigte Gastro-Gassen: In der Calle Mendizábal und in der Calle Pelota reihen sich chillige Lokale neben rustikalen Tascas (meist Di–So 13–16 u. 19–24 Uhr). Am meisten los ist donnerstagabends ab 21 Uhr. Ein hübscher Ort für eine Pause mit Tapas, Kaffee und Kuchen ist die **Taberna de El Monje** 7 in der Calle Espíritu Santo 27 (tgl. ab 10 Uhr), nur 100 Meter von der Casa de Colón.

Faltplan: G 2 | Cityplan: S. 18

Promenade und in der Fußgängerstraße Ruíz de Alda sowie rings um die Plaza Farray und Fray Junípero.

Fisch, direkt über den Wellen
El Amigo Camilo ❶
In der ehemaligen Fischerpinte am ›kleinen Kap‹ sitzen Sie auf Plastikstühlen über dem Meer und können sich Ihren Fisch in der Vitrine aussuchen. Anschließend wird dieser schnörkellos gegrillt bzw. gekocht, dazu bestellt man Runzelkartoffeln mit Mojo-Soße und Salat. Der manchmal etwas ruppige Service tut der Beliebtheit von Camilo keinen Abbruch – am Wochenende ist es rappelvoll.
La Puntilla/Calle Caleta 1, tgl. außer Mo ab 12.30 Uhr, um 18 €

Vor allem für Fleischesser
Gallo Feliz ❷
In rustikalem Ambiente werden erstklassige Fleischgerichte serviert, beliebt sind auch die Fondues. Fischesser greifen zur Seezunge mit Kapernsoße.
Las Canteras 35, T 928 27 17 31, um 20 €

Frischer Veggie
Zoe Food Las Palmas ❸
Wer gesund essen möchte, vegetarisch, vegan oder auch glutenfrei, isst hier richtig. Aus frischen Zutaten entstehen Salate, Aufläufe und Bratlinge, gewürzt mit Kräutern. Auch die Nachspeisen sind selbst gemacht. Zur frischen Küche passt das Ambiente mit Blumen und hellen Holzmöbeln.
Calle Domingo J. Navarro 35, T 928 58 65 07, Facebook: zoe-food-Las-Palmas, Mo–Fr 9–20, Sa, So 10–16 Uhr, Menü um 10 €

Mit Blick auf den Hafen
Wok ❹
Im 3. Stock des Einkaufszentrums El Muelle sitzen Sie auf einer luftigen Terrasse. Vor Ihnen liegen Kreuzfahrtschiffe, Jachten und Marine-Boote. Auch die Küche macht Spaß. Außer bei Sushi, Sashimi und Salat kann man am Büfett bei Meeresfrüchten, Fisch und Fleisch zulangen und sich alles à la Wok, Teppanyaki oder auf dem Holzkohlegrill zubereiten lassen.
C.C. El Muelle, T 928 26 55 18, tgl. ab 12 Uhr, Mo–Do 12 €, Fr–So 14 €, Kinder die Hälfte

Tolle Küche in versteckter Lage
Bululú ❺
Das kleine Lokal liegt nur wenige Schritte vom Strand, die eng gestellten Tische füllen sich rasch. Keke bereitet lateinamerikanisch-asiatische Fusion-Gerichte zu, die er künstlerisch anrichtet – und guten Wein gibt's auch dazu!
Calle Venezuela 4 / Ecke Olof Palme, T 828 66 10 79, Facebook: bululucanarias, Mi–So 13–16, 20–23 Uhr, Gerichte ab 7 €.

Bei Zoe Food herrscht Frischegebot – sowohl in der Küche als auch im Speiseraum und im angeschlossenen Bio-Laden.

Klassiker im Catalina Park
Café La Alemana ⑥
Machen Sie es sich in den Polstersesseln bequem und genießen Sie Kaffee & Kuchen oder Cocktails & Snacks unter Palmen. Flotter, freundlicher Service!
Parque Santa Catalina, tgl. ab 9 Uhr

Stimmungsvoll
Madrid ④
Die kanarische Hausmannskost ist etwas fett, doch der Ausblick auf den schönsten Platz von Las Palmas ist toll! Unaufgeregt entspannt, von Einheimischen besucht.
Plaza de Cairasco 4, T 928 36 06 64, www. cafemadrid.com.es, tgl. ab 12 Uhr, Menü 12 €

Tapas-Bars in der Markthalle
Mercado del Puerto ⑤
Was in spanischen Städten des Festlands ankam, verspricht auch in Las Palmas Erfolg: informelle Tapas-Bars – von Sushi über skandinavische Kleingerichte bis zu Pizza & Pasta. Sa ist am meisten los.
Calle Albareda 76, mittags und abends, am Wochenende durchgehend, Tapa ab 3 €

🛍 Stöbern & entdecken

Wichtigste Einkaufsmeilen sind die **Calle Triana** (Altstadt) und die **Av. Mesa y López** (Santa Catalina), letztere mit dem Kaufhaus **El Corte Inglés** ⑦ (Av. Mesa y López 20, Mo–Sa 10–22 Uhr, mit Parkhaus). Nahebei öffnet der **Mercado Central** ③, die größte Markthalle der Stadt (Calle Galicia 14, Mo–Sa 8–14 Uhr). Spaß macht auch ein Bummel über den **Rastro,** den sonntäglichen Flohmarkt auf den Ramblas Juan Rodríguez Doreste (9–14 Uhr, nahe Catalina-Park). Zu Schnäppchenpreisen bekommt man hier Schmuck und Kleidung, Spielzeug und Souvenirs *made in China.* In den Einkaufs- und Vergnügungszentren **El Muelle** ④ am Catalina-Park und **Las Arenas** ⑤ am Auditorium finden Sie Franchise-Läden aller wichtigen Modemarken, Mega-Kinos, Cafés und Bistros.

☀ Wenn die Nacht beginnt

Nach einem Abendspaziergang auf der festlich beleuchteten Promenade können Sie in einem der Terrassenlokale entspannen. Beste Stimmung herrscht Do ab 20 Uhr in der Vegueta, wo viele Bars eine Tapa samt Getränk zum günstigen Festpreis bieten. Das Tanzfieber erwacht Fr und Sa um Mitternacht, z. B. an der Plaza de la Música hinter dem Auditorium.

Nicht nur Klassik
Auditorio Alfredo Kraus ①
Burgartiges Konzerthaus am Meer mit Musik von Klassik über Ethno bis zu Jazz.
Av. Príncipe de Asturias s/n, www.auditorioteat rolaspalmasgc.es, Tickets Mo–Fr 16–21 Uhr und 2 Std. vor Vorstellungsbeginn, im Teatro Pérez Galdós (s. u.) Mo–Fr 10–15 Uhr und unter T 902 48 84 88, www.entrees.es

Große Oper
Teatro Pérez Galdós ②
Das traditionsreiche Haus bietet im Verein mit dem Auditorio ein aufgefrischtes Klassik-Programm.
Calle Lentini 1, Tickets s. Auditorio

Blues bis Rock
Guarida ③
Bohémiens und Normalos, Alt und Jung treffen sich in diesem informellen Club mit Live Acts mehrmals wöchentlich.
Calle Portugal 68 (Eingang Erdgeschoss Exe Hotel), Facebook: laguaridablues, Mi–So ab 18 Uhr

Partywütig am Wochenende
Plaza de la Música ④
Wer es fetzig mag, ist hier richtig. Do–Sa-Nacht gibt es Live-Musik bis zum Morgengrauen.
El Rincón, Do–Sa 22–3 Uhr

Nicht nur Latino-Sound
The Paper Club ⑤
Eine endlos lange Bar und ein tropisch-grüner Innenhof, dazu Live-Musik von Jazz über Salsa bis zur klassischen Gitarre.

SECHS WOCHEN AUSNAHMEZUSTAND – CARNAVAL

Es ist groß wie ein Scheunentor, zentnerschwer und teuer wie ein Mittelklassewagen: Ein Trupp professioneller Designer ist das ganze Jahr damit beschäftigt, das Glitzergewand für die Karnevalskönigin zu entwerfen. Die Kunst der im Kostüm steckenden Frau besteht darin, mit strahlendem Lächeln den auf ihr lastenden Koloss anmutig tänzelnd über die Bühne zu tragen und dabei kokette Kusshändchen zu werfen. Wem dies am besten gelingt, wird zur ›Reina del Carnaval‹ gekrönt, was einer Eintrittskarte zur Karriere als Model gleichkommt. Die Königin führt den großen Umzug (*cabalgada*) an, der sich stundenlang durch die Straßen von Las Palmas wälzt. *Murgas*, skurrile Spaßmachertruppen, wechseln ab mit *comparsas*, Go-Go-Girls in knappstem Dress. Dazwischen wanken *carrozas*, Festwagen mit schriller Musik und *crazy crew.* Nachts startet der *mogollón*, die Großparty im Catalina-Park, mit Samba und Salsa bis zum Abwinken. Erst im Morgengrauen ist die Gaudi vorbei, um in der folgenden Nacht in anderer Kostümierung neu zu beginnen. Krönender Abschluss des Karnevals ist die ›Beerdigung der Sardine‹ (*el entierro de la sardina*): Ein riesiger Pappfisch mit Krone und Schmollmund wird am Strand zu Wasser gelassen und den Flammen übergeben, derweil sich schwarze Witwen ihren Schmerz von der Seele schreien. Denn nun ist der Spaß vorbei, zumindest für ein paar Tage, bevor im Süden eine zweite Karnevals-Fiesta beginnt.

Calle Remedios 10 (Triana), Facebook: thepaper clubcanarias, Do–Sa 23–5 Uhr

🔵 Sport & Aktivitäten

Spanisch lernen
World Language Center ❶
›Spanisch für Ausländer‹ von engagierten, auch deutschsprachigen Lehrern und nur wenige Schritte vom Strand!
Calle Fernando Guanarteme 55, T 928 27 60 98, www.worldlanguagecentre.com

Surfen & SUP
Mojo Surf ❷
Das Südende des Strandes ist ein Top-Spot für Wellenreiter. Bei Ebbe finden Sie eine SUP-Surf-Verleihstation nahe dem Hotel Reina Isabel.
Calle Perú 20, T 659 22 55 00, http://mojosurf.es

Weben lernen
Ulitas Loom ❸
Möchten Sie Ihr eigenes textiles Inselsouvenir fabrizieren? Hinter dem Hafenmarkt bietet die Profi-Weberin Ulrike Güse in ihrer Werkstatt individuelle Webkurse an, gern kombiniert mit Naturfärbtechniken.

Calle Rosario 6-3, T 629 95 21 19, www.uli tasloom.wordpress.com, 20 Unterrichtsstunden inkl. Material ca. 400 €

Auf zwei Rädern
Rent-A-Bike ❹
Jörg Tatter vermietet im Stadtteil Catalina City-, MTB- und E-Bikes, bietet Shuttle-Service in die Berge und spannende Touren. Er hat auch viele Wanderbücher im Angebot!
Calle 29 de Abril 63, T 928 93 54 11, Mobil 605 06 10 24, www.rental-bike-station-gran-cana ria.com

INFOS

Touristeninfo: Info-Pavillons findet man am Parque San Telmo und an der Plaza de las Ranas, am Catalina-Park und an der Strandpromenade.
Las Palmas im Internet: www.lpavisit. com, www.laspalmas24.com, www. ociolaspalmas.com
Gratis-Internet: z. B. in öffentlichen Bibliotheken (*biblioteca pública*), am Canteras-Strand und in Cafés mit WiFi-Schild.

Autovermietung: Tirma, Calle Tomás Miller 53, T 928 26 10 06, autostirma@ hotmail.com. Zuverlässig und günstig!

Bus: Der zentrale Busbahnhof *(estación de guaguas)* liegt unterirdisch am Parque San Telmo (Triana), ein zweiter *(intercambiador)* 4 km nördl. neben dem Catalina-Park.

Stadtbus: Die Linien 1 und 12 fahren vom Catalina-Park zum Parque San Telmo, Linie 2 zur Straße oberhalb Alameda de Colón (www.guaguas.com). Mit der ›Tarjeta Live‹ kann man alle Linien der Stadt benutzen: z.B. 24 Std. für 5 €.

Parken: Für Canteras-Catalina empfehlen sich die Parkplätze der Einkaufszentren **Las Arenas** 🄳 und **El Muelle** 🄰, für den Altstadtbesuch der Parkplatz vor der Markthalle (mercado de Vegueta).

·······································

TERMINE

·······································

Festival de Música de Canarias: Feb. Vierwöchiges Festival mit Konzerten klassischer Musik im Auditorium von Las Palmas (www.gobiernodecanarias. org/cultura).

Fiesta de Carnaval: Feb./März. (www. lpacarnaval.com).

Semana Santa: März/April. Am Gründonnerstag (Jueves Santo) und Karfreitag (Viernes Santo) finden in Las Palmas farbenprächtige Prozessionen statt.

Fiestas de Corpus Christi: Juni. Zu Fronleichnam werden die Altstadtplätze mit Blumenteppichen ausgelegt.

Festival de Jazz: Juli. Erstklassige Ensembles treten auf – auch Open-air (www.canariasjazz.com).

Temuda: Juli/Aug. Theater, Tanz und Musik *open air* im Catalina-Park.

Fiestas de La Naval und Fiesta de la Luz: Okt. Die Patronatsfeste von Las Palmas werden mit Viehprozession, Tanz und Folklore gefeiert.

Telde 📍 G 4

Wollen Sie auf Zeitreise gehen? Zwar wirkt Gran Canarias zweitgrößte Stadt (100 000 Einwohner)

mit ausfransenden Neubauvierteln auf den ersten Blick nicht gerade einladend. Doch die historischen Viertel San Juan und San Francisco, die nach der Eroberung auf den Ruinen einer großen altkanarischen Siedlung entstanden, führen Sie schnurstracks ins 16. Jh. zurück.

San Juan – auf dem Kirchplatz

Blickfang der Plaza ist die doppeltürmige **Iglesia de San Juan,** die dem Viertel den Namen gab. Ihre reiche Ausstattung verdankt sie Teldes Zuckerboom im 16. Jh.: Meister vom spanischen Festland schufen die Holzkassettendecke im Mudejar-Stil, flämische Künstler schnitzten den vergoldeten Hauptaltar, aus Maisteig formten Michoacana-Indianer die Christusfigur. Schön sind auch die übrigen Gebäude am Platz: das Rat- und das Pfarrhaus (Nr. 1 und 6), das Casino (Nr. 2) und die Casa León (Nr. 3) sowie der Rincón Plácido Fleitas mit Brunnen.

San Francisco – zurück ins 15. Jh.

Von der Plaza San Juan führt die Calle Inés Chemida in den mit Orangenbäumen bepflanzten Talgrund, dann hinauf ins Viertel San Francisco. Seit den Tagen der Conquista scheint es sich kaum verändert zu haben: Steingepflasterte Gassen passen sich dem hügeligen Terrain an, sind gesäumt von weiß gekalkten Häusern. Den Hauptplatz dominiert die **Iglesia de San Francisco,** daneben stehen das ehemalige Franziskanerkloster und die Kapelle El Calvario. Am Rand des Viertels lohnt ein Blick ins **Museo León y Castillo,** das museale Geburtshaus zweier ›großer Kanarier‹: Fernando wurde in Madrid Minister und sorgte dafür, dass Bruder Juan Ende des 19. Jh. als Architekt den Hafen von Las Palmas entwarf (Calle León y Castillo 43, www.fernandoleony castillo.com, Di–So 10–18 Uhr, 2 €).

❶ Infos

Touristeninformation: Casa Condal, Calle Conde de la Vega Grande 9 (San Juan), T 828 01 33 12, www.telde turismo.es. Schönes historisches Haus mit Infotafeln zur Geschichte.

Altkanarischer Kultberg – Cuatro Puertas

Wenige Kilometer südlich von Telde ([📖] G 5, GC-100 nahe Km. 13, Bus 36 ab Telde) führt eine ausgeschilderte Sackgasse zu einem Parkplatz, von dem Sie in wenigen Gehminuten das Gipfelplateau eines Berges erreichen. Hier entdecken Sie eine Höhle, in die die Ureinwohner vier große Eingänge (*cuatro puertas*) geschlagen haben. Sie diente wohl als Versammlungs- und Kultort; auf ihrem ›Dach‹ befindet sich eine Plattform (*almogarén*), in die ein Halbkreis mit Rinne eingemeißelt ist. Vermutlich wurden hier Trankopfer dargebracht. Vom Berg können Sie zu einem zweiten mächtigen Felsen laufen, der von Höhlen durchlöchert ist – auch von hier genießen Sie einen strategischen Blick über Gran Canarias Osten!

Agüimes [📖] G 6

Gewundene Gassen, gesäumt von Häusern in Pastell und sogar ein Bronze-Kamel – wären nicht die Kirchtürme, fühlten Sie sich in eine orientalische Kasbah versetzt! Jahrhundertelang unterstand die Stadt dem Bischof, der nach Belieben schalten und walten konnte – ein Geschenk der Krone an die Kirche für ihre tatkräftige Unterstützung bei der Conquista. Der Bischof ließ auf seinen Plantagen Zuckerrohr anbauen; die Arbeit verrichteten afrikanische und maurische Sklaven. Mit ihnen kamen die Kamele sowie der Hexen- und Zauberkult auf die Insel.

Plaza de San Antón – hinein in die Altstadt!

Der kleine Platz am Eingang zur Altstadt ist von Tapas-Bars gesäumt, die Kapelle öffnet als **Touristen-Info.** Angeschlossen ist ein kleines Museum,

das nachzeichnet, wie sich die Stadt in 500 Jahren entwickelt hat. Die vor dem Eingang kauernde Bronzefigur stellt Arminda dar, die Tochter des letzten altkanarischen Herrschers: Sie wurde auf den Namen Catalina zwangsgetauft und einem Eroberer zur Frau gegeben.

Plaza de los Moros – Geschichten auf dem ›Maurenplatz‹

Noch mehr Geschichte bietet der ehemalige Bischofspalast am ›Platz der Mauren‹, das **Museo de Historia** [1]. Im weiten Innenhof, dem einstigen Kräutergarten, blieben die Getreidemühle und eine Kapelle erhalten. Ein Spaziergang durch die Museumssäle führt durch die Geschichte, vorbei an einem originalen Tante-Emma-Laden und einem Hexerei-Kabinett: Kräuterkunde, Parapsychologie und ein Schuss Aberglaube stehen bei den *brujas* auch heute noch hoch im Kurs (Calle Juan Alvarado y Saz 42, Di–So 9–17 Uhr, 3 €).

Plaza Nuestra Señora del Rosario – mit machtvoller Kirche

Über schmale Gassen spazieren Sie – von kleinen Skulpturen begleitet – aufwärts in Richtung Kirche. Unterwegs lohnt ein Blick in den grünen Innenhof des ehemaligen **Kamelhauses** [2] (Casa de los Camellos, Calle El Progreso 12), wo heute ein kleines Hotel mit Restaurant öffnet. Neben dem Haus wacht ein Bronzekamel in Originalgröße; es wirkt so lebendig, dass man meint, es könnte sich jederzeit erheben und ins Haus trotten. Ein Stück weiter weitet sich die Gasse zum ›Platz des Rosenkranzes‹ (Plaza Nuestra Señora del Rosario), der von den Doppeltürmen der **Iglesia de San Sebastián** [3] beherrscht wird. 1491 wurde sie gegründet, doch ständig umgebaut. Hinter ihrer wuchtigen Natursteinfassade öffnen sich drei durch Säulen gegliederte Schiffe, die ihre Helligkeit aus einer zwölffenstrigen Kuppel beziehen. Im Goldaltar steht eine mexikanische Rosenkranzmadonna, die übrigen Figuren schnitzte Luján Pérez, einer der besten spanischen Barockbildhauer (meist 9.30–12.30 und 17–19

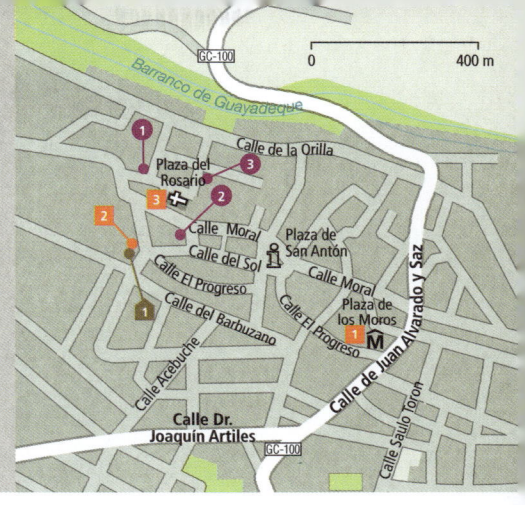

Uhr, Mo geschl.). Wer den leidverzerrten Zügen der Heiligen nichts abgewinnen kann, wendet sich dem Platz zu, wo im Schatten eines Lorbeerbaums eine ganz andere Figur hockt: Die dargestellte Frau war eine Bettlerin, die jede Pesete in Bonbons für Straßenkinder einlöste.

Im Kamelhaus
Casa de los Camellos 1
Im hundertjährigen Haus lässt es sich romantisch übernachten; eine Dependance der von der Hotelfachschule betriebenen Unterkunft befindet sich im ehemaligen Rathaus Villa de Agüimes in der Parallelstraße (Calle Sol 3).
Calle Progreso 12, T 928 78 50 03, www.hotelcasaloscamellos.com, DZ ab 85 €

Für einen Snack
El Populacho 1
Seit 1933 bietet ›das Populäre‹ Speis & Trank in erfrischend altem Interieur.
Plaza Nuestra Señora del Rosario 17, T 620 01 02 71, Facebook: Bar/Café El Populacho, tgl. 10–22 Uhr, Preise um 10 €

Gehoben-rustikal
Villa Rosa 2
Grillgerichte und kanarische Klassiker in einem historischen Haus. Hier gibt es Agüimes-Spezialitäten wie Kroketten aus Fleisch vom ›schwarzen Schwein‹, gebeiztes Zicklein und Tintenfisch mit Insel-Oliven – auf Wunsch alles in halber Portion.

Calle Juan Melián Alvarado 3, T 928 78 47 01, Facebook: villarosa.restauranteaguimes, Do–Di 12–16, 20–24 Uhr, Preise um 15 €

Bester Service
La Tartería 3
Nach einem Spaziergang durch die Altstadt kehrt man hier gern ein. Das Café liegt direkt am Kirchplatz, Sie bekommen hausgemachten Kuchen, Quiche Lorraine und diverse Tortillas, süß und pikant.
Plaza Nuestra Señora del Rosario 21, Facebook: LaTarteríaAgüimes, Mo–Fr ab 9, So ab 10 Uhr

Infos
Información Turística: Plaza de San Antón 1, T 928 12 41 83, www.visit aguimes.com, Mo–Fr 8–15 Uhr

IN DER UMGEBUNG

Eine kleine Abwechslung
Tierpark
Zu sehen sind 200 Riesenreptilien, eine Tigerfamilie, Dromedare, Antilopen, Zebras und Affen. Um 13 Uhr findet eine Krokodilshow statt, die Affen werden um 12 und 16 Uhr gefüttert. Erreichbar über die an der Kreuzung Cruce de Arinaga abzweigende GC-104.
Parque de los Cocodrilos, GC-104 Km 5,5, T 928 78 47 25, www.cocodriloparkzoo.com, So–Fr 10–17 Uhr, Eintritt 9,90 €

Die Steinzeit lässt grüßen – **Barranco de Guayadeque**

Hinter Agüimes liegt der Barranco de Guayadeque, eine tief eingeschnittene Schlucht, die sich 20 km ins Inselzentrum hinaufzieht – die erste Hälfte ist befahrbar, die zweite nur zu Fuß zugänglich. 60 Quellen sorgen dafür, dass sich das Barranco-Bett das ganze Jahr über grün zeigt und seltene Pflanzen gedeihen. Spektakulär sind auch die ins Vulkangestein geschlagenen Höhlenhäuser.

Durchlöcherte Berge

»Unsere Schlucht ist wie euer Edamer-Käse«, witzeln die Einheimischen. Sie leben, wie schon ihre Vorfahren, in Höhlen: meist versteinerte Gasblasen im Lavafluss oder von Regen in Millionen von Jahren ausgewaschene Felsöffnungen. Bei manchen haben die Menschen nachgeholfen. Schon die Altkanarier haben tief ins Gestein Höhlen geschlagen, wussten sie doch, dass diese besten Schutz vor Kälte wie vor Hitze boten.

Allein auf Gran Canaria gibt es über 1000 geografische Namen, die das spanische Wort für ›Höhle‹ *(cueva)* aufgreifen: Cuevas Caídas, Cueva del Rey, Cueva de Mediodía …

Höhlen, Höhlen …

Das **Museo de Sitio de Guayadeque** **1**, unter einem Felsüberhang angelegt, erläutert, wie vielseitig die Bewohner die Höhlen nutzten. Sie dienten sogar als Grabkammern: Die im Museum ausgestellte Mumie ist nur eine von vielen, die im Barranco gefunden wurden; die übrigen füllen die Vitrinen des Museo Canario in Las Palmas. Ausführlich werden auch Flora und Fauna der Schlucht vorgestellt.

Etwa 6 km weiter passieren Sie **Cuevas Bermejas** **2**, einen Weiler mit übereinander gestapelten ›rötlichen Höhlen‹. Auf Straßenhöhe befinden sich die Felskapelle sowie eine urige Höhlenbar (oft wird hier Honig von den Bienenstöcken am Hang verkauft). Blumengeschmückte Treppenwege führen in die oberen Dorfetagen, wo Sie ein Stück parallel zum Talbett laufen können – immer mit großartigem Panorama!

Am Ende der Straße

Nach weiterer 4 km endet die Straße an der pyramidenförmigen **Montaña de las Tierras** 3. In den Sockel des Berges wurde das labyrinthartige Höhlenlokal **Tagoror** 1 geschlagen. Es lohnt sich, einen Blick in die dunklen Gänge zu werfen, die mit Holzhockern und -tischen rustikal eingerichtet sind.

Rund um den Berg

Haben Sie Lust, eine Kurztour rund um die Montaña de las Tierras zu unternehmen (1 km/ 20 Min.)? Die Eingangstür des Lokals im Rücken, halten Sie sich links und queren den Parkplatz, wo Sie sogleich ein geländergesicherter Weg aufnimmt. Er führt an den **Casas Rurales de Guayadeque** 1 vorbei, Wohnhöhlen, in denen man komfortabel übernachten kann. Nach ein paar Gehminuten schwenkt der Weg links um den Berg herum, wo ein kleiner, in einer Höhle untergebrachter Souvenirladen Kulinaria aus dem Tal anbietet. Dann laufen Sie an ein paar Höhlenhäusern vorbei und stoßen am Höhlenrestaurant Vega auf die Straße. Links oben auf einem Felsvorsprung können Sie noch die Kapelle Ermita de San Juan erkunden, bevor sich der Rundgang am Restaurant Tagoror schließt.

H
HÖHLEN-
HAUS

Ein Wohnerlebnis besonderer Art bieten die vier komfortablen Höhlenhäuser **Casas Rurales de Guayadeque** (Barranco de Guayadeque, T 928 27 30 27, www.casas ruralesdeguayadeque. com, ab 60 € ohne Frühstück, min. 3 Tage).

INFOS/ÖFFNUNGSZEITEN
Museo de Sitio Guayadeque 1:
Di–Sa 9–17, So 10–15 Uhr,
2,50/1,50 €

KULINARISCHES FÜR ZWISCHENDRIN
Im Barranco de Guayadeque serviert das – mehrfach kopierte – Höhlenlokal **El Tagoror** 1 kanarische Hausmannskost: Barranco de Guayadeque/ Montaña de las Tierras 21, T 928 17 20 13, www.restaurantetagoror.com, tgl. 10–24 Uhr, Preise um 16 €

Der Süden

Werbung für Kindermode? Oder ein Selfie in der Sahara? Weder noch! Das mit einem 5-Liter-Wasserkanister und Kopfbedeckung gegen die sengende Sonne ausgerüstete Grüppchen ist in den Dünen von Maspalomas unterwegs. Und diese laden tatsächlich zu ausgiebigen Foto-Sessions ein. Weißer, weich rieselnder Sand, vom Wind in schöner Symmetrie ausgebreitet, gibt einen tollen Hintergrund für Action-Fotos ab. Die Dünen sind die Visitenkarte des Inselsüdens, der mit Paradestrand und ›Sonnengarantie‹ das Gros der Gran-Canaria-Urlauber anlockt.

San Agustín 🗺 E 8

Cityplan S. 38

Nach einem Facelifting ist San Agustín attraktiver geworden. Seine dunkelsandigen Strände sind zwar kein Highlight der Costa Canaria, doch auch hier können Sie problemlos in die Fluten steigen. Es geht hier eher beschaulich zu, von Massenandrang keine Spur!

Resort für Residenten

An der Küste stehen in lockerem Abstand Hotels und Apartmenthäuser, am terrassenförmigen Hang haben sich wohlhabende Mittel- und Nordeuropäer Chalets gekauft. Der Urlaubsort hat drei Strände: Ganz im Osten liegt **Morro Besudo,** ein von Klippen flankierter Mini-Strand, an den sich die 900 m lange, von Pinien beschattete **Playa de San Agustín** anschließt. Hier wird Wassersport, u. a. Surfen und Tretbootfahren angeboten. Ganz im Westen liegt die 400 m lange, von geschliffenen Felsen gesäumte **Playa de las Burras.** Oberhalb der Strände verläuft eine teilweise palmengesäumte Promenade, die in 5 km bis Playa del Inglés führt.

In erster Reihe
San Agustín Beach Club ❶

Die Viersterneanlage ist im Halbkreis um einen Pool gebaut, sodass fast alle 57 Zimmer Meerblick haben. Dank vieler maritimer Details fühlt man sich hier wie auf einem Kreuzfahrtschiff. Auch wer nicht im Hotel wohnt, kommt gern auf Kaffee und Kuchen vorbei.

Plaza de los Cocoteros 2, T 928 77 16 40, www.sanagustinbeachclub.com, DZ ab 170 €

Viel Wellness

Das **Thalasso-Bad ❶** im Hotel Gloria Palace Royal ist das größte der Kanaren (▸ S. 58).

Wassersport

Im benachbarten Bahía Feliz gibt es mehrere Surfschulen. Tauchkurse bietet in San Agustín das **Diving Center Naútico ❷** im Hotel Interclub Atlantic an (T 928 77 81 68, www.divingcenter-nautico.com).

❶ Infos

Información Turística: El Portón/Calle Las Retamas 2, T 928 76 92 62, http://turismo.maspalomas.com, Mo–Fr 9–16, jeden 2. Sa 9–13 Uhr
Bus: ▸ S. 48

Bei Ebbe ist der Strand breit und das Meer brandungsarm – dann können auch kleinere Kinder problemlos durch die Fluten hüpfen. Achten Sie auf die Beflaggung am Strand: bei Gelb ist Vorsicht angesagt, bei Rot ist Baden tabu.

Playa del Inglés

🗺 E 8/9, Cityplan S. 38

**Kaum vorstellbar, dass sich
vor hundert Jahren nur wenige
naturvernarrte Nordeuropäer an
die Inselsüdspitze verirrten – der
Ortsname ›Strand des Engländers‹
erinnert daran. Auch heute noch
sind es hauptsächlich Ausländer,
die sich hier tummeln, allerdings
nicht mehr auf der Suche nach
Wüsten-Botanik, sondern nach
Sonne, Strand und Spaß.**

WAS TUN IN PLAYA DEL INGLÉS?

Zwei Gesichter einer Stadt erleben
Die Ferienstadt besteht aus unzähligen
Hotels und Apartmentanlagen, Einkaufszentren mit Namen wie Yumbo und
Kasbah und Straßen, die TUI, Neckermann
und Jahn heißen. Nicht zufällig entstand
das Mega-Resort just hier: Ein heller
Paradestrand zieht sich kilometerlang
am Fuß einer großen Dünenlandschaft
entlang. Doch Playa del Inglés bietet nicht
nur Strand satt und Wassersport. Nach
Sonnenuntergang, wenn die Familien
die Segel streichen, erwacht es zu einem
zweiten Leben. Mit Bars und Clubs, Drag
Shows und Dark Rooms wird sie zum Hot
Spot der Nacht- und Schwulenszene.

Orientierung gefragt
Die GC-1 durchschneidet Playa del
Inglés parallel zur Küste. Nördlich
von ihr befindet sich das Einheimi-
schen-Viertel San Fernando mit der
einzigen klassischen Sehenswürdigkeit
weit und breit: In der **Casa Condal**
1, dem ›fürstlichen Haus‹, präsentiert
das Museo Canario die Geschichte
der Insel von ihrer geologischen
Entstehung bis zur Gegenwart (Calle
Marcial Franco 7–9). Südlich der
GC-1 breitet sich die Ferienstadt aus.
Deren Hauptgeschäftsstraße ist die
schnurgerade **Avenida Tirajana**, die
bis zum Hotel Riu Palace führt. Knapp

unterhalb des Hotels befindet sich ein
Aussichtspunkt mit dem besten Blick
auf die **Dünenlandschaft** (▶ S. 44).
Zugleich ist die Aussichtsterrasse der
Endpunkt der Flanierpromenade **Paseo
de Costa Canaria,** die oberhalb des
Meeres 5 km ostwärts führt – bis hin
zum Nachbarort San Agustín. Immer
wieder bietet sich die Möglichkeit, von
der Promenade zum Strand hinabzusteigen, so zu **Anexo II** mit Lokalen
und Wassersport-Anbietern, Duschen,
Umkleidekabinen und Schließfächern
(am Ende der Av. A. Provisionales).
Der **Strand** zieht sich in sanften Kehren
über 6 km bis Maspalomas, und er fällt
flach ins Meer, sodass Sie überall problemlos ins Wasser gelangen. In einigen
Abschnitten befinden sich Liegen mit
Sonnenschirmen, an anderen ist FKK
erlaubt.

SCHLEMMEN, SHOPPEN, SCHLAFEN

🏠 **In fremden Betten**

Meerblick bieten nur die Unterkünfte an
der Promenade oberhalb des Strandes.

Traumblick
Riu Palace
Fantastische Lage an den Dünen, Archi-
tektur eines Grand Hotels und Viersterne-
komfort. Schöne Pool-Landschaft,
Fusion Food und Spa (nicht inkl.).
Plaza de Fuerteventura 1, T 928 76 95 00,
www.riu.com, DZ ab 162 €

Schlemmen und aktiv sein
Sandy Beach **3**
Das Viersternehaus, im Halbrund um
einen großen Pool erbaut, bietet großzügige Zimmer (mit Ankleideraum und
Bademantel) sowie tolle Morgen- und
Abendbüffets im Garten. Ganz oben gibt
es FKK-Terrassen, Fitness und Panorama-
saunen (inkl.), unten befinden sich die
Bike-Agentur Free Motion (▶ S. 41) und
ein Tauch-Center.
Calle Los Menceyes 1, T 928 72 40 00, www.
seaside-hotels.de, DZ ab 150 €

PLAYA DEL INGLÉS UND SAN AGUSTÍN

Sehenswert
1 Casa Condal

In fremden Betten
1 San Augustín Beach Club
2 Riu Palace
3 Sandy Beach
4 Nayra
5 Buenaventura
6 Sahara Beach Club

Satt & glücklich
1 El Mundo
2 Calma Chicha
3 Wapa Tapa

Stöbern & entdecken
1 Yumbo
2 Cita

Sport & Aktivitäten
1 Thalasso-Bad
2 Diving Center Naútico
3 Free Motion
4 Diving Center Sun Sub
5 Centercourt
6 Evangelische Gemeinde
7 Aqualand
8 Holiday World
9 Water Sport Center
10 Surf School BD

Die Regenbogenfarben der Freiheit: Playa del Inglés ist eine Hochburg der Schwulenszene. Alljährlich im Mai findet hier eine große Gay Pride Parade statt.

Keine Kinder
Nayra ❹

Ein helles kleines Viersternehotel ›adults only‹, abgeschirmt vom Lärm der Touristenstadt und doch nur wenige Schritte von Yumbo, dem Nightlife-Hotspot entfernt. 46 luftige Zimmer mit optisch integriertem Bad und je zwei Terrassen, ein tolles Frühstücksbüfett und Siesta in der Bali-Liege am Pool ...
Calle Irlanda 25, T 928 09 37 11, www.hotel nayra.com/, 46 Zimmer, DZ ab 150 €

Ever trendy
Buenaventura ❺

Wegen der vielen Aktiv- und Animationsangebote buchen sich in diesem Mega-Hotel (724 Zimmer) jüngere Singles und Paare ein. Es gibt eine Tauch- und eine Tennisschule (3 Quarzsand-Plätze), einen Platz für Fuß- bis Basketball, zwei Pools (einer für Water-Polo) und ein Spa (nicht inkl.). Nachts geht die Action in mehreren Bars und Diskos weiter.
Plaza de Ansite 1, T 928 76 16 50, www. lopesan.com, DZ ab 100 €

Über den Dünen
Sahara Beach Club ❻

1-A-Lage neben dem Hotel Riu Palace, doch bedeutend billiger: überschaubare Bungalow-Anlage mit viel Pool-Grün.
Av. de Alemania 53, T 928 76 07 76, www. sahara-beach-club.com, Ap. ab 74 €

Satt & glücklich

Angesichts der vielen ausgehfreudigen Besucher wirkt die Gastro-Szene bescheiden. Oft ist Halbpension besser (und günstiger) als der Besuch im Restaurant. In den Centros Comerciales (abgekürzt C.C.) reihen sich ›Futterkrippen‹, Pizzerien und China-Büfetts aneinander. Gleiches gilt für die Gastro-Meile Anexo II am Strand, wo aggressive Anmache dominiert. Bedeutend schöner sind die *chiringuitos*, die Strandbars zwischen Playa del Inglés und Maspalomas. Selbstversorger finden die günstigsten Supermärkte im Einheimischenviertel San Fernando.

Trendbewusst
El Mundo ❶

Gelungener Mix aus Retro-Bistro-Stil und kanarisch-kreativer Fusion-Küche. Das Mittagsmenü lassen sich gern schick gekleidete Einheimische schmecken.
Av. Tirajana (Ed. Tenesor), T 928 93 78 50, Di–So ab 13 Uhr, um 20 €

Für Gourmets
Calma Chicha ❷

Vom RIU Palace nur wenige Schritte entfernt und von außen eher unscheinbar: in diesem Lokal wird der Gast verwöhnt! Nehmen Sie Platz auf mit Leinen bespannten Regiestühlen und genießen Sie bei Chillout-Musik die empfohlene

Kost: Melonen-Gazpacho, Schwert-fisch-Carpaccio oder in Soja-Soße mariniertes Rinderfilet – jedes Gericht ein Leckerbissen! Und zum Abschluss ein Stück von der mit Ingwer und Bitter Orange gefüllten Sacher-Tor...

Av. de Tirajana 4, T 928 76 07 14, www. restaurantecalmachicha.com, Mo–Sa 19–22.30 Uhr, Gerichte ab 14 €

Lichtblick im Yumbo
Wapa Tapa
Auf der mittleren Etage des Einkaufs- und Vergnügungszentrums werden kreative Tapas, cremige Suppen und mediterrane Salate serviert. Guten Wein gibt es auch glasweise.

Av. Estados Unidos 54, C.C. Yumbo, T 650 00 17 39, www.yumbocentrum.com/wapatapa, Mo–Sa ab 19 Uhr, Tapasteller ca. 7 €

🛍 Stöbern & entdecken

Einkaufszentren
In zwölf Centros Comerciales (C.C.) finden Sie alles – von Kosmetika über deutschsprachige Tageszeitungen bis zu Lebensmitteln. Die größten sind **Yumbo** und **Cita** . An die Touristeninfo ist der staatliche Kunsthandwerksladen **Fedac** angeschlossen, der insulare Handarbeitsware verkauft – nicht billig, aber schön.

Unter Einheimischen
Wer preiswert einkaufen will, besucht das Viertel San Fernando, wo nebst großen Supermärkten (Hiperdino, Mercadona) ein **Wochenmarkt** (Mi und Sa) öffnet.

☀ Wenn die Nacht beginnt

Erst relaxen Sie bei Cocktails und Chill-out-Musik, ab Mitternacht können Sie ins Clubleben eintauchen. Viel spielt sich im Untergeschoss des Einkaufszentrums **Yumbo** 🔆 (www.yumbocentrum.com) ab, wo sich nicht nur die Schwulen-Szene trifft. Zu den beliebtesten Treffs zählen dort **Adonis** (www.adonisworld.de) und die **Eiffel Bar** (www.eiffelbargc.com),

»Im Sommer Mykonos, im Winter Gran Canaria«: So umschreibt Peter von der Bar Adonis seine Ferienvor-lieben. Der Aufstieg Gran Canarias zur Schwulenhochburg kommt nicht von ungefähr: Als Homosexualität anderswo noch ein Pfui-Wort war, bekleideten schwule Kanarier hohe politische Ämter. Als in Gáldar Spaniens erste Homo-Ehe geschlossen wurde, erschien dies den meisten Bewohnern nicht als Sünde, sondern als Zeichen von Modernität. Seit jeher tummeln sich beim Karneval auffällig viele Transvestiten, und eine große Zahl von ›Normalos‹ tut nichts lieber als sich – jedes Jahr aufs Neue – als Frau zu verkleiden. Im Inselsüden, v. a. in Playa del Inglés, öffnen einige Unterkünfte ausschließlich für Schwu-le, andere werben mit der Aufschrift *gay friendly*. Nachts treffen sie sich im Untergeschoss des Yumbo-Cen-ter, wo sich eine Homo-Bar an die nächste reiht. Ein beliebtes Detail der ›VIP-Touren für Schwule‹ ist der Besuch des Museo Néstor in Las Palmas, in dem Homoerotik grandios in Szene gesetzt ist.

wo Sie in bequemen Sesseln mit frischen Früchten gemixte Cocktails schlürfen (tgl. außer Fr ab 20 Uhr).

🏄 Sport & Aktivitäten

In Playa del Inglés ist fast alles möglich – von Wassersport bis Wandern!

Biken
Free Motion ❸
Organisierte Mountainbike- und Renn-radtouren, auch Quads, Bike-Shop und -Werkstatt.

Av. Alféreces Provisionales s/n (Hotel Sandy Beach), T 928 77 74 79, www.free-motion.com

Parasailing – schweben Sie über der Küste!

Tauchen
Diving Center Sun Sub ❹
Traditionsreiche, gut geführte Basis. Auf der Website werden die Tauchplätze ausführlich vorgestellt.
Plaza de Ansite 1 (Hotel Buenaventura), T 928 77 81 65 u. 696 08 35 82, www.divingcenter-sunsub.com

Tennis
Centercourt ❺
Kurse für Anfänger und Fortgeschrittene.
Plaza de Ansite 1 (Hotel Buenaventura), T 928 76 16 50

Wasser- und Funparks
An der von Maspalomas landeinwärts führenden GC-503 liegen **Aqualand** ❼

┌─────────────────────────────────┐

ZU FUSS UNTERWEGS

Besonders preisgünstig sind die von der **Evangelischen Gemeinde** ❻ im Winterhalbjahr organisierten Wanderungen – auch Nicht- bzw. Andersgläubige können daran teilnehmen (Calle Gomera 69, T 928 77 65 02, www.kirche-gc.de). In Eigenregie lassen sich mit Bus 18 Touren ab San Bartolomé, Cruz Grande, Ayacata, Tejeda und Cruz de Tejeda unternehmen; ein Wanderführer, z. B. von Dieter Schulze (DuMont), tut gute Dienste!

└─────────────────────────────────┘

(www.aqualand.es) und **Holiday World** ❽ (http://holidayworldmaspalomas.com).

Wassersport
Water Sport Center ❾
Tretboote, Wasser- und Jetski sowie Parasailing.
Anexo II, T 928 76 66 83

Surfen
Surf School BD ❿
Hinter dem Kürzel BD verbirgt sich Björn Dunckerbeck, 42-facher Surf-weltmeister und engagierter Leiter der (deutschsprachigen) Basis. Hier können Sie Kurse im Wellenreiten, Windsur-fen und im SUP (Stand Up Paddling) belegen.
C.C. Atlantic Beach Club, Local 5 A-B, T 928 76 79 99, www.surfbd.com

Golf
Der nächste Platz befindet sich in Melo-neras (▶ S. 110).

··

INFOS & TERMINE

··

Información Turística: Av. España/ Av. Estados Unidos (Westseite des Yumbo-Centers), T 928 77 15 50, www. grancanaria.com, Mo–Fr 9–20, Sa 9–13 Uhr; eine weitere Info-Stelle gibt es am Anexo II sowie am Paseo Costa Canaria unterhalb des Hotels RIU Palace.
Bus: ▶ S. 48
Masdanza: Okt. Zum Tanzfestival kommen Top-Ensembles aus der ganzen Welt nach Playa del Inglés (www. masdanza.com).
Gran Canaria Pride: Anfang Mai. Zwei-wöchiges Schwulenfest mit viel Kultur und schriller Parade (www.gaypridemas palomas.com).

Maspalomas 🗺 D 9

Cityplan S. 46

Gibt es einen Ort in schönerer Lage? Maspalomas wurde zwi-schen Meer und Dünen gesetzt, an

Die **Finca Monte Cristo** im Hinterland ist kein Rittergut, sondern ein paradiesischer Garten im Barranco de Ayagaures, gestaltet vom Landschaftskünstler Guy Martin. Mittendrin sieben rustikale Häuschen mit Terrassen und Pool, inspiriert von ›Bali‹ bis ›Tahiti‹. Kanarienvögel zwitschern, Papageien trällern und immer wieder ertönt der Schrei eines Kakadus. Auch wer sich nicht auf der Finca einquartiert, kann den Garten mit seinen mehr als 1000 exotischen Pflanzen besuchen. Eingestreut sind Skulpturen, die ihn zugleich zu einer Open-Air-Galerie machen. Mitten im Grünen befindet sich Gran Canarias schönstes Gartenlokal, in dem Sie kreative Küche genießen – zubereitet von Profi-Koch Andreas Dacke. Wie wäre es mit einem Hochsitz über dem Koi-Karpfen-Teich? Oder doch lieber die Empore unter Palmen? (Apartments ganzjährig ab 82 €, Garten und Restaurant Sa/So 10–18 Uhr, Mitte Juni–Mitte Sept. geschl., Eintritt Garten 8 €, Hauptgerichte ab 10 €; Barranco de Ayagaures 85, T 928 14 40 32, www.montecristogran canaria.com, Anfahrt von Maspalomas auf der GC-503 Richtung Montaña de la Data, hinter Aqualand rechts auf die GC-504 und nach 6 km rechts auf ein Schild achten).

den Rand einer Lagune und Palmenoase. Von hier können Sie zu langen Strandtouren aufbrechen!

Palmen (palmas) oder Tauben (palomas)?

Maspalomas' Name bleibt rätselhaft … Rätselhaft auch, warum selbst hier nicht so gebaut wurde, wie es die Schönheit der Natur erfordert hätte. Immerhin gibt es nur wenige Hotels, die sich obendrein in üppigem Grün verstecken. Von Vegetation eingefasst sind auch die Gartensiedlungen Campo Internacional und Sonnenland, die sich hinter Maspalomas kilometerweit landeinwärts ziehen. Baden können Sie am Strand zwischen Maspalomas und Playa del Inglés, fast noch ein Geheimtipp ist die Playa Mujeres westlich von Meloneras (► S. 48). Vor den Hotels zieht sich eine kleine ›Fressgasse‹, deren Kellner z. T. aggressiv zum Besuch des Lokals animieren. Schöner sitzen Sie direkt am Strand oder gehen gleich ins benachbarte Meloneras!

Glamour Design
Palm Beach ❶
Das große Fünfsternehotel aus den 1970er-Jahren wurde in knalligen Farben und abstrakten Mustern im Retro-Design neu gestylt. Besten Blick auf Pool und Palmengarten bieten die Zimmer vom 5. bis 7. Stock. Die Büfetts morgens und abends sind exquisit und werden – wann immer möglich – draußen aufgebaut. Das große Open-Air-Spa mit Thalasso-Becken, diversen Saunen und Whirlpool ist inklusive.
Av. del Oasis s/n, T 928 72 10 32, www. hotel-palm-beach.com, DZ ab 240 €

Tolle Lage
Apartamentos Oasis ❷
Blick über die Lagune auf Dünen und Meer bieten fünf der 15 Häuser im Stil der Neuen Sachlichkeit (Veroles, Maypa, Cocoteros, La Paz, Oasis Mar und Oasis Palmera, mit identischem Preis für die 1. und 2. Strandlinie). Ein kleiner Pool befindet sich ein paar Gehmin. entfernt, nahe sind auch Rezeption und Minimarkt.
Av. El Oasis 14, T 928 14 19 52, www.oasismas palomas.com, Ap. ab 70 €

Am Strand
Velero Casa Antonio ❶
In der ›Fressgasse‹, aber etwas versteckt und mit Blick auf den Strand: blank polierte Holztische mit Meerblick, gute Fischplatten und solides Pfeffersteak –

 # 3

An der Südspitze der Insel – **die Dünen von Maspalomas**

Meer und Strand, Wüste und Palmenoase – so perfekt treffen an der Inselsüdspitze unterschiedliche Naturelemente aufeinander, dass sie Gran Canarias Image einer Ferieninsel begründeten. Die Dünen sind sowohl von Playa del Inglés als auch von Maspalomas erreichbar, der schönste Zugang erfolgt über den Leuchtturm.

Der **Faro** `1` schießt 80 m in die Höhe, eine filigrane Gestalt aus grauem Basalt. Exakt hinter ihm spannt sich eine Mole weit aufs Meer – gern werfen Hobbyangler hier ihre Rute aus. Vor dem Leuchtturm steht das Haus des Wärters, wobei ›Haus‹ eine Untertreibung ist. Es handelt sich um einen mächtigen Quadratbau, der bald als Museum öffnen soll. Seit 1883 weist der Turm Schiffen den Weg, die das *Mar de Calmas de Canaria*, das ruhige Südmeer im Windschatten des Passats, queren.

Vom Leuchtturm folgen Sie dem Holzsteg am Meer entlang bis zur **Charca** `2`. So heißt die Lagune an der Mündung eines Barrancos, in der sich Süßwasser aus dem Landesinnern mit Meerwasser mischt und eine besondere Flora und Fauna hervorbringt. Am verschilften Ufer gehen Grau- und Seidenreiher auf Jagd, häufig auch der Löffler, der am spachtelartigen Schnabel zu erkennen ist. Nur der Palmenhain, der auf historischen Fotos eine große Fläche um den Leuchtturm bedeckt, ist auf Anhieb nicht zu erkennen: Er wurde in die Gärten der umliegenden Hotels integriert – nur deren Gäste dürfen ihn noch genießen.

Auf den nächsten 4 km stapfen Sie am Meer entlang durch Sand, lassen sich die Brise um die Nase wehen oder legen eine Badepause ein. Der Sand ist übrigens rein organischen Ursprungs, d. h.: Er besteht aus von der Brandung in Millionen von Jahren zerriebenen Korallen und Schalentieren. Einmal trocken gefallen, wird er vom Wind landeinwärts geweht und dabei zu

ÜBRIGENS

Die Lagune steht – ebenso wie die Dünen – unter Naturschutz. Der kann freilich wenig ausrichten gegen Sturzregen: Alle Jahre wieder passiert es, dass sich das meist trockene Barranco-Bett in einen ›**Canal Grande**‹ verwandelt, dessen Wassermassen den Sanddamm wegdrücken, sodass sich die Lagune samt Flora und Fauna ins Meer ergießt.

sichelförmigen, bis zu 15 m hohen Hügeln aufgeworfen. Die Mini-Sahara bedeckt ein Areal von knapp 10 km². Nur wenige Pflanzen, so der salzverträgliche, knubbelartige Traganum-Strauch *(Tamarix canariensis)*, wachsen im Sand und tragen dazu bei, dass die Düne befestigt wird.

An der Terrassenmeile Anexo II schwenken Sie landeinwärts. Über Treppen steigen Sie zur Promenade **Paseo de Costa Canaria** hinauf und folgen ihr nach links zum Aussichtspunkt **Mirador Las Dunas** 3 . Ist die Info-Stelle geöffnet, sehen Sie Schautafeln, die den Ursprung der Mini-Sahara erklären. Auch über die Gefahren werden Sie informiert: Durch Verbauung wird das natürliche ›Einzugsgebiet‹ der Dünen beschnitten und der Wind derart abgelenkt, dass immer weniger Sand landeinwärts gelangt. Ohne Nachschub an Sand aber verwehen die Dünen, fransen an den Rändern aus und verflachen in der Mitte.

Damit die Dünen nicht zertrampelt werden, wird nur ein markierter Weg durch die Dünen zugelassen. In stetem Auf und Ab führt er – mit Bohlen markiert – quer durch die Sandberge Richtung Barranco-Bett – eine lange, schweißtreibende Passage! Nachdem das Bett durchquert ist, stehen Sie auf einer breiten Palmenallee und laufen auf ihr – vorbei am Charca-Teich – links zum Leuchtturm zurück.

Nördlich der Lagune können Sie – stilecht vor der Kulisse der Wüste – auf einem Dromedar reiten **(Dromedar-Station** 1 tgl. 9–16 Uhr).

INFOS

Am Morgen und am späten Nachmittag, wenn der Sand nicht so stark aufgeheizt ist, läuft es sich am leichtesten. Sie sollten festes Schuhwerk, Kopf- und Körperbedeckung sowie Sonnenschutzmittel dabei haben, außerdem viel Trinkwasser! Wem der Wüstentrip ab Mirador Las Dunas zu anstrengend ist, fährt mit dem Bus nach Maspalomas zurück.

KULINARISCHES FÜR ZWISCHENDRIN

In mehreren Strandbars *(chiringuitos)* können Sie Durst und Hunger stillen!

Faltplan: E 9

MASPALOMAS UND MELONERAS

Sehenswert
1 Faro

In fremden Betten
1 Palm Beach
2 Apartamentos Oasis
3 Costa Meloneras
4 Cay Beach Meloneras
5 Baobab

Satt & glücklich
1 Velero Casa Antonio
2 Grill Faro
3 Maximilian's

Stöbern & entdecken
1 Boulevard Faro
2 Varadero

Wenn die Nacht beginnt
❋ Café del Mar

Sport & Aktivitäten
1 Dromedar-Station

Allabendlich ein fantastisches Spektakel: Von der Promenade in Meloneras schauen Sie Richtung Westen, wo hinter einer ›Burg‹ die Sonne im Meer versinkt. Dass die ›Burg‹ in Wahrheit eine Zementfabrik ist, tut der Schönheit keinen Abbruch!

seit über 35 Jahren steht Señor Antonio in der offenen Küche!
Paseo del Faro 22, T 928 14 19 51, tgl. ab 12 Uhr, Fischplatte 14 €

❶ Infos
Bus: Las Palmas erreichen Sie mit den Linien 01, 30, 50 und 91, den Südwesten (Puerto Rico/Puerto de Mogán) mit 01, 32 und 91 (letztere nur bis Playa del Cura). Schnellbus 66 fährt zum Flughafen, Bus 36 und 90 nach Telde. Ins Landesinnere fährt Bus 18 via Fataga, San Bartolomé und Tejeda nach Cruz de Tejeda und Vega de San Mateo.

Meloneras 📖 D 9

Cityplan S. 46

Gran Canarias jüngstes Resort ist zugleich das schönste: Der Blick fällt auf schlossartige Hotels, auf Naturstein und viel Grünes. Dominiert wird Meloneras' Silhouette von mehreren ›Kirchtürmen‹, die keine sind, weil sie zu einer Hotelstadt gehören. Auch die Einkaufszentren sind attraktiv, setzen mehr auf Klasse als auf Masse. Im Hinterland schimmert ein Golfplatzrasen.

Am Meer entlang flanieren
Am **Leuchtturm** ❶ startet Gran Canarias schönster Boulevard, der Ausblick aufs Meer wie auf feudale Hotels eröffnet. Sie passieren Wasserspiele und aufgestylte Terrassenrestaurants von Asia-Küche über Trattoria bis zum Fleischgrill. Etwas verloren wirkt inmitten all der Pracht eine kleine archäologische Fundstätte, an der sich gern Eidechsen sonnen. 1,5 km führt die Palmen-Promenade zur Playa de las Mujeres: Am 400 m langen Strand geht es ruhiger zu als an den Dünenstränden; im benachbarten Einkaufszentrum sorgen Bars und Restaurants für Stärkung. Geplant ist, die Promenade bis zur benachbarten Hafen- und Villensiedlung Pasito Blanco zu verlängern, die in der Ferne erscheint.

Schillernde Schlossarchitektur
Costa Meloneras ❸
Im Fünfsternehotel ist (fast) alles pompös: die von der Alhambra inspirierte Einfahrt, die Türme und Arkaden, der große Pool, der mit dem Blau des Himmels zu verschmelzen scheint. Beeindruckend ist auch das weitläufige Spa inkl. ›Totem Meer‹ in einer Kunstgrotte. Nur die 1136 (!) Zimmer sind eher normal.
Calle Mar Mediterráneo 1, T 928 12 81 00, www.lopesan.com, DZ ab 230 €

Modern & komfortabel
Cay Beach Meloneras ④
10 Gehmin. von der Küste, aber empfehlenswert: 111 großzügige Apartments mit bis zu zwei Schlafzimmern und Bädern, dazu mehrere Pools und ein Mini-Markt.
Calle Mar Báltico, T 928 14 35 97, www.caybeach.com, Ap. ab 120 €

Afrika grüßt
Baobab ⑤
In Architektur, Ambiente und Design erinnert die Fünfsternefestung an den nahen Kontinent. Tropisch wirkt das Entrée mit Fluss und Wasserfall, steppenhaft der große Garten mit neun Pools und Baobab-Bäumen. Wohin Sie schauen, stoßen Sie auf afrikanisches Design, aufgelockert durch expressive Riesengemälde des Kanariers Juan Felix Bordes. Allerorts ertönen afrikanische Rhythmen – nach zwei Wochen Baobab, so ein Gast, sehen Sie im Hotelfluss Krokodile schwimmen und Giraffen durch den Garten streifen.
Calle Mar Adriático 1, T 928 14 22 40, www.lopesan.com, 677 Zimmer, DZ ab 210 €

Jeden Abend voll
Grill Faro ②
Fisch oder Fleisch können Sie sich in der Vitrine aussuchen und nach Ihrem Gusto zubereiten lassen.
C.C. Boulevard El Faro, Local 42–43, T 928 14 53 79, tgl. ab 11 Uhr, um 20 €

Zum Entspannen
Maximilian's ❸
In weich gepolsterten Stühlen genießen Sie italienische Klassiker in elegantem Ambiente – etwas günstiger als die Konkurrenz auf der Promenade! Das vorgelagerte, zugehörige Promenadencafé bietet schönen Meerblick.
Boulevard Faro, T 928 14 70 34, tgl. 12–24 Uhr, um 18 €, Café ab 2 €

Hochpreisiges & Schnäppchen
Am **Boulevard Faro** ① unmittelbar am Paseo de Meloneras, finden Sie Boutiquen, exklusive Modemarken wie Lacoste, Tommy Hilfiger und Hugo Boss.

FISCH MIT FRISCHEGARANTIE

Wer es urig und preiswert liebt, biegt (von der Costa Canaria kommend) vor Arguineguín von der Landstraße GC-500 in Richtung Zementwerk und Ortsteil El Pajar ab. Mehrere Terrassenlokale reihen sich am Strand, wo Sie in Kantinen-Ambiente üppige Portionen von Meeresfrüchten bekommen. Die Arbeiter aus dem Zementwerk essen hier zu Mittag und einheimische Familien belagern an Wochenenden die Buden – oft ist es dann so voll, dass Nummern gezogen werden. Mein Favorit: Octavios **Bar Playa** (La Boya), Calle Santa Agueda 32, T 928 73 53 14, tgl. außer Do 8–17.30 und 20.30–23.30 Uhr, Hauptgerichte ab 7 €

Auch eher hochpreisig sind die Geschäfte auf der Plaza vor dem Hotel Costa Meloneras. Im **Centro Comercial Varadero** ⑫ sowie in den Einkaufszentren in zweiter Reihe öffnen auch Schnäppchen-Läden.

Ruhige Nächte
Spaß macht ein Cocktail im chilligen **Café del Mar** ✳ an der Promenade, mit Tanz & Spektakel jeden Abend (bis 2 Uhr, www.cafedelmarmeloneras.com). Oder soll es ein Besuch in das schicken **Casino** des Hotels Costa Meloneras ❸ sein? (tgl. ab 20 Uhr). Wer mehr erleben will, fährt nach Playa del Inglés.

N NOCH WAS

Hinweis für Autofahrer: Wollen Sie Richtung Westen, müssen Sie sich entscheiden, ob Sie auf der aussichtsreichen, aber kurvenreichen Küstenstraße GC-500 oder auf der mit Tunneln gespickten Autobahn GC-1 weiterfahren wollen.

Palmenoasen – **in Arteara und Fataga**

Sonnenverglüht sind die Berge des Südens. Um so schöner wirken die Täler, in denen sich Wasser sammelt. Dort entstanden üppige Palmenhaine und in ihrem Schatten kleine Dörfer, so in Arteara und Fataga.

Phoenix canariensis lautet der wissenschaftliche Name der kanarischen Palme. Übersetzt bedeutet Phoenix ›Dattel‹, auch ›Rotbraun bis Purpur‹ und bezeichnet die Farbe der Palmenfrucht. Der Name könnte auch vom mythischen Vogel Phönix herrühren, dessen Federn den Palmenzweigen ähneln. So schön ist der Baum, dass nach ihm viele Orte benannt wurden, so auch die Hauptstadt Las Palmas. Der Baum ist sehr nützlich: Aus seinen Fasern wurde Kleidung gefertigt, die Äste dienten als Besen und die Datteln als Viehfutter. Das eingekochte Harz ergibt Palmhonig, der jedem Dessert eine raffinierte Note verleiht.

In die Natur!

Nachdem die Ortsgrenze von Playa del Inglés passiert ist, taucht eine andere Welt auf: Statt Bettenburgen sehen Sie Gebirgsstaffeln – unbebaut, abweisend und wild. In bequemen Kehren schraubt sich die Straße zu ihnen hinauf. Eine erste Überraschung wartet bei Km. 42,7: Auf einem Bergrücken wurde **Mundo Aborigen 1**, die ›Welt der Ureinwohner‹ rekonstruiert: aus Stein erbaute Rundhäuser, wie sie die Altkanarier bauten, bevölkert von lebensgroßen Wachsfiguren zotteliger Hirten und in Fell gehüllter Frauen. 1 km weiter passieren Sie den Aussichtspunkt **Mirador de Yegua 2**, von dem sich ein tiefer Blick in den Barranco eröffnet.

Nekropole Arteara

In engen Kehren, an die Felswand gekrallt, senkt sich nun die Straße in den Barranco-Grund hinab. Bei Km. 37,3 können Sie die GC-60 nach links Richtung Arteara verlassen. Eine Asphaltpiste führt in 1 km zu einem Wendeplatz. Neben Hunderten Palmen befindet sich der Eingang zum **Parque Arqueológico de Arteara (Nekropolis) 3**: eine Gesteinswüste mit Gräbern vom 5. Jh. v. Chr. bis zum 17. Jh. n. Chr. und einem Info-Zentrum, das die Begräbnisrituale der Ureinwohner vorstellt.

Bilderbuchdorf Fataga

Zurück auf der GC-60 geht es wieder bergan. Nach 1,4 km können Sie links abzweigen und den **Barranda Camel Safari Park 4** besuchen. Am Rande einer kleinen Oase können Sie in Gehegen Dutzende höckriger Tiere anschauen und sich in einer Bar mit Saft stärken. Nach weiteren 4 km kommen Sie nach **Fataga**: steingepflasterte, von weißen Häusern gesäumte Gassen winden sich um einen im Tal versenkten Felssporn.

Oase Fataga

Wer essen will, fährt 2 km weiter zur Oase von Fataga. 1000 Palmen wachsen auf einem von Bergen umrahmten Hochplateau. Mag die Zahl auch übertrieben sein, so bilden doch die weiten Kronen einen wunderbar schattigen Hain. Die Existenz der Palmen verdankt sich dem Wasser in der Schlucht, das einst so üppig floss, dass es sogar eine **Wassermühle** 5 *(molino de agua)* antrieb. Heute ist ihr aus Naturstein errichteter, 12 m hoher Kegel ebenso ein Museumsstück wie der zugehörige **Gutshof Molino del Agua**. Ein rustikales Gartenlokal bietet Deftiges vom Grill.

Ü
ÜBRIGENS

Halbstündige Dromedar-Ritte können Sie im **Barranda Camel Safari Park** 3 unternehmen (La Barranda, GC-60, T 928 79 86 80, tgl. ab 9 Uhr).

INFOS

Mundo Aborigen 1:
GC-60 Km. 42,7, T 928 17 22 95, tgl. 9–18 Uhr, 10/5 €

Parque Arqueológico de Arteara 2:
www.arqueologiacanaria.com, Di–So 10–14 Uhr, im Jui/Aug. geschl., 4/2 €

Arteara und Fataga sind mit der Buslinie 18 ab Maspalomas erreichbar.

KULINARISCHES FÜR ZWISCHENDRIN
Frisch gepressten Saft bekommen Sie im **Barranda Camel Safari Park** 3; Kleinigkeiten bieten auch die Lokale an der Durchgangsstraße von **Fataga**.

Rustikales Ambiente mit Fleisch vom Grill genießen Sie in dem ans gleichnamige Hotel angeschlossenen Gartenlokal **Molino de Agua** 5:
GC-60 Km 31,2, Mobil 626 80 27 05, www.elmolinodeagua.com, Hauptgerichte ab 8 € (DZ ab 80 €).

Santa Lucía
Parque
Natural
Cumbre ▲ de Trujillo 1146
Fataga
Embalse de Fataga
de Pilancones
Embalse de Arteara
Arteara
Ladera de los Pinos
Barranco de Fataga
Arteara – Fataga
0 ____ 2 km

Tropisches und Exotisches – **im Palmitos Park**

Das Ende einer kargen Schlucht wurde in eine blühende Gartenlandschaft verwandelt. Jeder Höhenmeter, den Sie erklimmen, bietet neue Attraktionen: grellbunte Papageien, Hunderte frei fliegender Schmetterlinge, Orang-Utans und Krokodile, im Aquarium Engelhaie und Delfine. Und ganz oben warten die Raubvögel.

Ins Hinterland!

Die Straße GC-503, die sich von Maspalomas 12 km landeinwärts zieht, erscheint als Freizeit-Zubringer der Ferienzentren: Dicht aufeinander folgen Aquaparks, Ausflugsrestaurants und Reitzentren. Rasch lassen Sie diese hinter sich und werden von der Schönheit der Landschaft gefangen genommen: eine schmale Schlucht, die von senkrecht aufragenden Felswänden gesäumt und mit Schilfrohr dicht bewachsen ist. Fast an ihrem Ende öffnet der Palmitos Park, aufgrund seiner Lage der wohl schönste der Kanaren.

Affen, Krokodile, Pelikane

Gleich hinter dem Eingang werden Sie von **Surikat-Erdmännchen** begrüßt. Die Tiere stehen aufrecht auf den Hinterbeinen, halten die Vorderbeine anmutig vor der Brust und recken den Kopf spähend in alle Himmelsrichtungen. Man kann sich nicht sattsehen an ihnen und geht doch weiter, denn da locken ein Orchideen- und ein Kaktusgarten sowie eine Affeninsel, auf der sich **Orang Utans** und **Gibbon-Affen** aller Schwerkraft spottend von einem Baum zum nächsten schwingen. Dann laufen Sie an einem Bach entlang zu einem Teich, in dem **Pelikane, Tukane, Flamingos** und **Schwarzstörche** leben. Dann führt der Weg, der sich in Kehren bergan durch den Park zieht, an **Krokodilen** vorbei. Auch während der Siesta sind sie hellwach, können von einer Sekunde zur nächsten ihren schwer gepanzerten Körper blitzschnell ins Wasser wuchten.

Im Palmitos Park finden Sie viele Tiere, die bereits auf den ersten Blick begeistern – wie diese Eidechse mit ihren wunderbaren Patschpfötchen!

Schmetterlinge auf dem Kopf

Ein besonderes Erlebnis ist das weltweit größte **Schmetterlingshaus,** eine Art Riesen-Orangerie, in der Sie sich frei bewegen und so auf Tuchfühlung gehen zu den von einer Blüte zur nächsten schwirrenden Tieren. Bunte Monarchfalter sind zu sehen, Tagpfauenaugen, Teufels-, Admiral- und Aurorafalter. Auch ihr faszinierender Entstehungsprozess – von der Raupe zur Verpuppung im Kokon bis zum Prachtfalter – kann nachvollzogen werden.

Unter Meerestieren

Schummrig beleuchtet und mit Waltönen untermalt ist das Aquarium, das Besucher in die Tiefen der Ozeane versetzt. In verschiedenen Glasbecken tummelt sich – vom **Seepferdchen** bis zum **Hai** – eine Vielzahl von Meeresbewohnern. In einem großen Amphitheater, das in einem Halbkreis um mehrere Pools gebaut ist, können Sie im Rahmen einer Show zweimal täglich **Delfine** erleben. Die Trainer legen Wert darauf zu zeigen, wie intelligent die Tiere sind. Auf ein Signal hin vollführen sie Kunststücke, springen durch Ringe und drehen Pirouetten.

Vogel-Shows

Dressur steht auch im Vordergrund der **Papageien-Show:** Mini-Rad fahren, Zeitung lesen und dumme Sprüche klopfen – der Witz besteht für die Zuschauer darin, sich in den Exoten wiederzuerkennen. Derlei Mätzchen bleiben **Raubvögeln** erspart. Ihre Show wird in einem Amphitheater am obersten Punkt des Parks vorgeführt – dort, wo sie den Lüften am nächsten sind. **Adler, Falken** und **Eulen** schwärmen auf Befehl von dannen, ziehen hoch über den Zuschauern akrobatische Kreise und landen auf Lockruf hin auf dem Arm ihres Dompteurs.

Ü
ÜBRIGENS

In toller Lage am Hang über dem **Palmitos Park** sehen Sie ein Hotel, das der deutschen Tennismeisterin Helga Masthoff gehörte. 2007 wurde es vom großen Feuer erfasst – seitdem wartet es auf einen Käufer …

INFOS/ÖFFNUNGSZEITEN

Palmitos Park: tgl. 10–18, letzter Einlass 17 Uhr; Raubvogel- und Delfin-Show zweimal, Papageien-Show fünfmal tgl.; 31 €, günstiger kauft man die Tickets online, www.palmitospark.es; Rabatt für alle, die noch nicht 11 Jahre alt sind **Anfahrt:** Bus 45 von der Costa Canaria, Bus 70 von Puerto Rico (www.guaguasglobal.com); mit dem PKW über die GC-503

KULINARISCHES FÜR ZWISCHENDRIN

Im Park öffnen Bistro-Cafés, die Fast Food inmitten von Grün servieren.

Faltplan: D 7

Der Küstenweg von Puerto Rico zur Playa Amadores ist spektakulär: unter Ihnen kristallklares Wasser, über Ihnen Klippen und neben Ihnen nicht selten ein vorbeischwebender Paraglider.

Golf

Der attraktive 18-Loch-Platz reicht bis zur Küste (▶ S. 110).

❶ Infos

Bus: ▶ S. 48

Arguineguín/ Patalavaca ⌘ C 8/9

Wer die an der Durchgangsstraße aufgereihten Wohnblocks sieht, möchte Arguineguín schnell durchfahren. Verlassen Sie aber die GC-500 Richtung Küste, spüren Sie das Flair des ehemaligen Fischerorts. Und auch gute Badeplätze gibt es.

Hinab zur Küste!

Oberhalb des Strandes **Playa de las Marañuelas** startet eine Promenade, die südwärts zum Hafen führt. Von hier schippern Ausflugsflähren längs der Südwestküste nach Puerto de Mogán (▶ S. 60). Nordwärts führt die Promenade über ein hohes Kap zur kleinen Badebucht **Playa La Lajilla** – hier entdecken Sie ein paar Lokale mit Meerblick. Die Promenade verlängert sich bis zum angrenzenden **Patalavaca,** wo sich gleichfalls alles Schöne am Meer befindet, allem voran die weiße Playa de la Verga (Anfi Beach). Hier reihen sich Lokale aneinander – leider ein wenig zu gedrängt. Entspannter ist es auf der vorgelagerten Insel Maroa, zu der eine Holzbrücke hinüberführt. Rasenteppiche, exotische Pflanzen und ein Mini-Jachthafen bilden die Kulisse zu einem Chillout-Lokal. Davor befindet sich die Anlegestelle für kleine Ausflugs- und Fährschiffe. Errichtet wurde alles vom Timeshare-Riesen Anfi, doch Strand und Promenade, Hafen und Insel sind für jeden zugänglich.

🏅 Mega-Event

Mercadillo

Der ›kleine Markt‹, der jeden Di Vormittag am östlichen Ortsausgang stattfindet, ist eher ein Mega-Event. Dabei ist die Ware alles andere als originell: Es überwiegen Kitsch und Kommerz *made in China*.

♒ Wasserspaß

An der Playa de la Verga (Anfi Beach) ist vom Tretbootfahren bis Parasailing alles möglich.

IN DER UMGEBUNG

Abseits der Besucherströme

Entdecken Sie herrlich wildes Hinterland auf dem Weg nach Soria (▶ S. 56).

Puerto Rico 🗺 B/C 8

Längst sind die Felswände der breiten Barranco-Mündung wabenartig mit Retorten-Apartments überzogen. Am Strand liegen in der Hochsaison Urlauber Leib an Leib wie die sprichwörtlichen Sardinen in der Büchse. An der zum Strand führenden Straße reiht sich ein Lokal ans nächste. Internationales Fast Food dominiert das Angebot. Aufatmen kann man an den beiden Häfen, wo die Flucht aufs Wasser möglich ist. Ein schöner Fluchtweg ist auch die am Jachthafen Puerto de Escala startende Klippenpromenade, die hoch über dem Meer in ca. 15 Gehminuten nach Playa Amadores führt.

Promenieren auf dem Küstenweg

Die Promenade startet nahe dem Jachthafen, ist steingepflastert und nur durch ein niedriges Mäuerchen vom Abgrund abgegrenzt. Im Schatten von Hibiskus und Bougainvilleen können Sie rasten – mit Blick auf vorbeiziehende Großsegler und Ausflugsschiffe. Hin und wieder fliegt ein an einem Riesenschirm hängender Parasailer an Ihnen vorbei. Am Ende der Tour erwartet Sie der Paradestrand von Playa Amadores.

🏨 Quadratisch, praktisch, gut
Marina Suites

Das Viersternehotel hat den Vorteil, dass es im Hafen Puerto Base liegt – abseits der Enge von Puerto Rico. Hier lebt man unmittelbar am Wasser: Die 216 Suiten bieten Atlantikblick, der große, 26 °C warme Pool liegt wie die Chillout-Terrasse nur wenige Meter entfernt vom Meer. Puerto Base, T 928 15 37 18, www.marinagrancanaria.com, ab 200 € (Rabatt bei Frühbuchung)

🚢 Bootsausflüge

Puerto Rico hat zwei Häfen: Passagierfähren nach Arguineguín/Anfi bzw. Puerto de Mogán sowie Ausflugsschiffe (Waltrips, Piratenfahrten, U-Boot etc.) starten in Puerto Base an der Ortsausfahrt Richtung Costa Canaria. Im strandnahen Hafen Puerto de Escala liegen Segel- und Motorschiffe vor Anker (▶ S. 60).

🤿 Tauchen

Puerto Rico Diving: Kurse für alle Niveaus, auch Nachttauchgänge.
CC Europa Center Local 6, Calle Isla de Lobos, T 619 17 53 94, www.prdiving.com

🚤 Wassersport

Für Segel- und Surfpartien, Jet- und Wasserski ist Puerto de Escala der Anlaufpunkt. Man findet die Ansprechpartner an der Mole bzw. an dem von ihr abgehenden Ponton (▶ S. 60).

ℹ Infos

Información Turística: Av. de Mogán 1, T 928 15 88 04, http://turismo.mogan.es, Mo–Fr 9.30–14.30 Uhr. Am Verkehrskreisel nahe Busbahnhof (Estación de Guaguas).

Playa Amadores

🗺 B 8

Ursprünglich sollte die weite, attraktive Playa, mit weißem Sand aufgeschüttet und von Palmen gesäumt, den vielen Urlaubern Puerto Ricos als Ausweichstrand dienen. Doch dann witterten Baulöwen gute Geschäfte und begannen auch hier, die Steilhänge zuzupflastern.

Karibischer Strand

Noch ist in Playa Amadores alles ein bisschen feiner und großzügiger als in Puerto Rico, der Urlaub entsprechend entspannter. Einem Bad für Jung und Alt steht hier nichts im Weg: Die halbrunde Bucht ist durch Wellenbrecher vom offenen Meer abgeschirmt, sodass selbst Kinder gefahrlos schwimmen können. Und da der Sand

Paradies für Aussteiger – **im Barranco de Arguineguín**

Sie werden staunen über die urwüchsigen Landschaften wenige Kilometer jenseits der Ferienzentren: Nach der Fahrt durch eine zerklüftete Schlucht erreichen Sie den palmengesäumten Soria-See und können nahebei einen altkanarischen Kultberg ersteigen.

Keine Angst: Der Auftakt ist für die Tour nicht charakteristisch! Auf der Höhe des Zementwerks von Arguineguín verlassen Sie die GC-1 bzw. GC-500 in Richtung Cercados de Espino/Soria und fahren an einem trostlosen Steinbruch vorbei landeinwärts. Doch dann kommt nur noch Schönes: Die Straße folgt dem grünen, weit aufklaffenden Talbett und schraubt sich in abenteuerlichen Kehren die immer enger zulaufende Schlucht hinauf.

Als wär's ein Stück Natur – Stausee Soria

Im Weiler Barranquillo Andrés ist eine wichtige Gabelung erreicht: Mit dem Linksabzweig werden wir später in Richtung Mogán fahren, doch vorerst folgen Sie der Straße geradeaus zu Gran Canarias größtem See. Oberhalb der ›pharaonischen‹ Staumauer von **Soria** 1 können Sie sich in der **Casa Fernando** 1 stärken, bevor Sie der Stra-

KULINARISCHES FÜR ZWISCHENDRIN

In der **Casa Fernando** 1 in Soria gibt es frischen Saft und belegte Brötchen zum Mitnehmen, am Wochenende wird auch Deftiges serviert (T 928 17 23 46, tgl. ab 10 Uhr).

Faltplan: C 6

56

ße ein Stück aufwärts folgen. Zwischen Felsen spannt sich eine grüne Wasserfläche, am Seeufer stehen Palmen und zwischen ihnen entdeckt man verlassene Natursteinhäuser – ein romantisches Bild! Einst war der Soria-Stausee ein Aussteigerparadies: Als er 1972 entstand, mussten die Bewohner ihre Katen verlassen. Aussteiger aus Mitteleuropa besetzten in den späten 1970er-Jahren die leeren Häuser, mit Kind und Kegel lebten sie hier fast zwei Jahrzehnte. Doch irgendwann schlugen die EU-Normen mit Ausweis-, Melde- und Schulpflicht zu – aus war der Traum vom einfachen Leben am See.

Auf den Tauro!

Anschließend geht es zur Gabelung in **El Barranquillo Andrés** `2` zurück und auf schmaler Straße aufwärts. Nach 3,2 km besteht die Möglichkeit, die dramatische Landschaft im Rahmen einer Wanderung näher kennenzulernen. Auf der Höhe eines kleinen Stausees zur Rechten (Salto del Perro) gibt es eine Parkausbuchtung, links der Straße verweist eine aus Naturstein errichtete Mini-Rampe auf den Einstieg zur Tour (hin und zurück 2 Std.). Vorbei an Ginster- und Lavendelbüschen, geht es durch lichte Kiefernhaine aufwärts zur zentralen Gabelung: Der linke Pfad bringt uns in 5 Min. hinauf zum 1214 m hohen Gipfelplateau des **Tauro** `3` (rechter Weg), der gleich einer geköpften Pyramide seine Umgebung überragt. Kein Wunder, dass hier die Altkanarier einen Kultplatz errichteten: Zwischen Himmel und Erde, über gezackte Gebirgsgrate reicht der Blick bis zum Meer! Auf gleichem Weg geht es zur Straße zurück.

Wie geht es weiter?

Statt über den Barranco de Arguineguín zurückzukehren, empfiehlt es sich, der schmalen Straße westwärts bis zur GC-605 zu folgen. Halten Sie sich an der Gabelung links, geht es über schier endlose Kehren hinab nach Mogán und ins zugehörige Küstenstädtchen **Puerto de Mogán**. Spektakuläre Landschaften erwarten Sie auch, wenn Sie den Rechtsabzweig nehmen: Am Stausee Cueva de las Niñas vorbei kommen Sie ins Bergdorf **Ayacata** – von dort geht es auf der GC-60 zur Südküste zurück.

N
NOCH WAS

Sie können auch einen Tiefblick in den **Barranco de Mogán** wagen: Vom Tauro gehen Sie zur zentralen Gabelung zurück und folgen dem Pfad nach links Richtung »La Solana«. Nach 10 Minuten verlassen Sie den Weg – Steinmännchen folgend – nach rechts zur Abbruchkante: Wie mit dem Beil abgeschlagen fallen die Felsen 800 m ab, tief unten sehen Sie die Häuser des Gemeindedorfs Mogán. Danach kehren Sie zum Pfad zurück und folgen ihm nordwärts. Wenig später stoßen Sie auf den vom Hinweg bekannten *camino*, auf dem Sie zum Ausgangspunkt zurückkehren.

flach abfällt, kommen auch Gehbehinderte problemlos ins Wasser. Am Strand reihen sich Terrassencafés und -Bistros – schattige Plätzchen für eine Pause vom Sonnenbad. Dem Meer am nächsten ist der Beach Club Amadores – hier können Sie in einem Ambiente aus modernem Minimalismus und fernöstlicher Exotik den ganzen Tag relaxen (http://amadores beachclub.com).

🏠 Wohlfühlhaus mit Wellness
Gloria Palace Royal
Mit seiner Natursteinfassade erscheint das Viersternehotel als Teil der Klippe. Vom Restaurant wie von den 196 geräumigen Zimmern bietet sich ein Blick aufs Meer, zu dem ein Panoramalift hinabführt. Schön ist das Spa (inkl.) mit Thermal-Hydromassage-Bad, Jacuzzi, Dampf- und Trockensauna, draußen gibt es zwei Pools, die optisch mit dem Himmel zu verschmelzen scheinen. Gleichfalls gut und mit viel Wellness: das Nachbarhaus Gloria Palace Amadores.
Calle Ana Lindts s/n, T 928 12 86 40, www.gloriapalaceth.com, DZ ab 200 €

🌀 Maritimes Minigolf
Las Caracolas
Gran Canarias attraktivste Minigolf-Anlage gefällt mit einer Deko aus Riesenmuscheln, Nixen und Badehäuschen (tgl. 10–19 Uhr).

❶ Infos
Bus: Das Terminal befindet sich am Park nördlich der Durchgangsstraße. Linie 01 fährt nach Las Palmas bzw. Playa Amadores und Puerto de Mogán. Von dort geht es mit Linie 38/84 via Mogán nach La Aldea de San Nicolás. Linie 32 fährt nach Playa del Inglés.

Playa de Tauro/ Playa de Cura/ Playa de Taurito

📖 B 8

Eine Klippenküste, unterbrochen von schmalen Schluchtmündungen, dazu die sich in den Fels krallende GC-500 mit Atlantikblick: Dies alles könnte traumhaft sein, lauerte nicht hinter jeder Wegbiegung ein neues Resort, das aussieht wie das vorhergehende …

An der Mündung enger Schluchten
Zunächst kommt **Playa de Tauro** in den Blick. An der künstlich aufgeschütteten, hellen Sandbucht entsteht derzeit ein Resort mit Jachthafen. Betuchte Gäste bevölkern bereits den landeinwärts gelegenen 18-Loch-Golfplatz samt zugehöriger Villensiedlung. Nach Tauro

Bougainvilleen, Hibiskussträucher, Strelitzien … Exotische Pflanzen und bunte Farben verzieren die Reihenhäuser von Puerto de Mogán.

folgt **Playa de Cura** mit aufgehübschten Ferienclubs, danach kommen ein paar kleine, (noch) halbwegs urwüchsige Buchten (Tiritaña/Medio Almud/Los Frailes). In **Playa de Taurito** sind die Hänge wieder zugebaut. Weil der graue Kiesstrand nicht jedermanns Sache ist, wurde ins Barranco-Bett eine 11 000 m² große Meerwasser-Pool-Landschaft integriert, für die ein saftiger Eintritt erhoben wird (tgl. 10–18 Uhr, http://lagotaurito.es, 17/5 €). Dank guter Busverbindungen wird zum Baden gern auch das nahe Puerto de Mogán angesteuert.

⌂ **Outer Space mit Meerblick**
Taurito Princess
Achtstöckig lehnt sich das Viersternehotel an die Klippe, sodass die meisten der 402 Zimmer Meerblick bieten – je höher, desto besser! Mit Pool, Sauna und Tennisplätzen, mit Mini-Club und Kinderpool, 1 x tgl. Gratis-Shuttle nach Puerto de Mogán.
Calle Alhambra 8, T 928 56 52 50, www.princess-hotels.com, ab 160 €, ab 55 Jahren Rabatt

Puerto de Mogán

📖 B 7

Der letzte und schönste Ferienort an der Südwestküste ist aus einem Fischerdorf hervorgegangen. Gern wird er auch von Tagesausflüglern angesteuert – vor allem am Freitag, wenn ein großer Markt abgehalten wird, droht er aus allen Nähten zu platzen.

Altstadt und Hafen
Seine kleinen, alten Häuser stapeln sich am Nordhang der Bucht, ihnen zu Füßen liegt eine dem Meer abgerungene Hafensiedlung. Hier spazieren Sie über exotisch bepflanzte Fußgängergassen und kleine Brücken, vorbei an Häusern mit heiterem Anstrich. Gute Stimmung kommt auf beim Blick auf ankernde Windjammer und auf die helle, von Wellenbrechern gesäumte Sandbucht. In erster Wasserlinie reiht sich ein Lokal

ans nächste – vom Café bis zur ›Genossenschaft der Fischer‹. Leider wird schnell abkassiert und die Qualität ist nicht die beste. Schön ist es aber, hier den Abend bei einem Glas Wein oder Bier ausklingen zu lassen!

Geschützter Strand
Der Strand ist klein, doch ausgestattet mit Liegen und Sonnenschirmen; auch Tretboote werden verliehen. Wellenbrecher sorgen für sicheres Baden, doch leider auch dafür, dass zu wenig Frischwasser in die Bucht gelangt.

Landeinwärts
Ein Stück taleinwärts ziehen sich die Häuser des ›Vororts‹ Lomo Quiebre terrassenförmig den Hang empor. Im Talgrund stehen das schlossartige Ho-

Vielfältige Bootstrips –
ab Puerto de Mogán

Viele Möglichkeiten gibt es, kanarische Gewässer zu erkunden: Ein knallgelbes U-Boot taucht in die Tiefe, ein Piratenschiff tuckert zu Badebuchten à la Robinson. Da das Meer reich an Meeressäugern ist, starten Schiffe zu Wal- und Delfin-Törns. Unkompliziert ist die Linienfähre, die die Südwestküste abklappert – Landgang inklusive!

Die Häfen, an denen Bootstrips starten, befinden sich im Südwesten der Insel, im Windschatten des Nordostpassats – so in Pasito Blanco und Arguineguín, Patalavaca (Anfi) und Puerto Rico sowie in Puerto de Mogán. Besonders reizvoll ist der Hafen von Puerto de Mogán mit seinen kleinen, blumengeschmückten Terrassenlokalen, dem transparenten Wasser und den schnittigen Jachten.

Mit dem U-Boot

An der **Mole** ❶ im Jachthafen von Puerto de Mogán startet stündlich ab 10 Uhr die ›Golden Shark‹ zu einer 40minütigen Reise auf den Meeresgrund. Unterwegs wird das Wrack der in 30 m Tiefe liegenden ›Alexandra‹ angesteuert. Mittlerweile ist es auseinandergebrochen, die einzelnen Teile liegen verstreut im sandigen Grund. Angelockt vom ausgestreuten Futter kommen zahlreiche Trompetenfische. Hin und wieder tummeln sich zwischen ihnen Taucher, die gleichfalls zur Attraktion werden.

Wollen Sie mal unter Wasser gehen ohne nass zu werden, so besteigen Sie das U-Boot im Hafen von Puerto de Mogán.

Auf der Suche nach Walen

Die Gewässer zwischen Gran Canaria und Teneriffa sind tief, nährstoffreich und strömungsarm – ein ideales Revier für Meeressäuger. 24 Arten wurden gesichtet, darunter Kleine Tümmler und Zahnwale, Blau- und Finn-, Sei-, Schwert- und Pottwale. Mit etwas Glück werden sie ein paar Seemeilen vor der Küste gesichtet: beim Luftholen oder dem Schlag der Fluke, der Schwanzflosse.

Auf die meist zweistündige Tour dürfen sich nur Boote mit der Lizenz für ›Sanftes Whalewatching‹ begeben, d. h., die Bootsführer müssen Grundinformationen (auf Englisch bzw. Deutsch) über die Tiere vermitteln, dürfen sich ihnen nur auf max. 60 m nähern und keinen Lautsprecher verwenden. Zu den Anbietern zählt die mehrmals wöchentlich startende ›Spirit of the Sea‹, die einen Teil ihrer Einnahmen für Walschutz spendet.

Längs der Küste

Wer lieber in Küstennähe bleibt, kann mit Booten der Líneas Salmón oder Blue Bird die gesamte Südwestküste abfahren. Die Schiffe pendeln zwischen 10 und 17 Uhr halbstündlich zwischen **Puerto de Mogán ❶**, **Puerto Rico ❷**, **Patalavaca (Anfi) ❸** und **Arguineguín ❹**. Sie schippern an senkrecht aus den Fluten ragenden Klippen vorbei und an Buchten, die fast fugendicht mit Apartments terrassiert sind. An jedem der genannten Orte können Sie aus- und später wieder zusteigen – oder aber mit einem der häufigen Busse weiterfahren. Eine Teilstrecke kostet ab 4 €, Puerto de Mogán–Puerto Rico (Fahrzeit 20 Min.) kostet hin und zurück 12 €. Erkundigen Sie sich auch nach dem Shuttle-Bus-Service (B&B Ticket) ab Costa Canaria! Kleiner Tipp: Wählen Sie für den Bootsausflug mit den Shuttle-Schiffen möglichst keinen Dienstag oder Freitag, wenn wegen der Märkte in Arguineguín bzw. Puerto de Mogán die kleinen Fähren überfüllt sind!

Ü
ÜBRIGENS

Sesshafte Nomaden:
Auf ihren jährlichen Zügen zwischen dem Nordpol und den südlichen Ozeanen legen viele **Wale** in kanarischen Gewässern einen Zwischenstopp ein. Einigen gefällt es hier so gut, dass sie gar nicht mehr wegwollen und ortsfest werden.

INFOS

Submarine Adventure:
T 928 56 51 08, www.atlantidasub marine.com, 31,50 €, Kinder bis 12 Jahre die Hälfte, Gratis-Bustransfer ab allen Ferienorten der Südküste

Spirit of the Sea:
T 928 56 22 29, www.dolphinwhale.es, 33 €, Kinder bis 12 Jahre 30 €

Líneas Salmón:
T 649 91 93 83, www.lineassalmon.es

Puerto de Mogán ❶
GC-1 Tauro · El Pilón
Playa de Tiritaña
Playa Amadores
Puerto Rico
Patalavaca/Anfi
❷
GC-1
❸
Puerto de Mogán
Arguineguin
❹ El Pajar
0 · 3 km

Faltplan: B/C 7–9

tel Cordial und das Radisson – beides Komforthotels mit allem Drum und Dran. Am Südhang des Tals bietet das archäologische Areal **Cañada de los Gatos** mit Ruinen von Rundbauten, Höhlen und Gräbern aus dem 4./5. Jh. einen Einblick in die Welt der Ureinwohner (Calle La Puntilla s/n, www. arqueologiacanaria.com, Di–Sa 10–17, im Sommer bis 18 Uhr, 4 €, Kombiticket mit anderen archäologischen Fundstätten 10 €, Café 10–14 Uhr).

⌂ Sehr persönlich
Casa Mónica
In der Altstadt am Hang bieten Christoph und Mirjam in ihrem von Hibiskus und Bougainvillea umrankten Haus drei freundliche, helle Zimmer und auf dem Dach eine große Terrasse mit Grill und Blick in den Sonnenuntergang.
Calle las Nasas 19, T 928 56 60 41 u. 626 56 38 81, christoph.rothen@gmx.net (Okt.–Mai), 3 DZ, 2 Pers. mit Halbpension ab 56 €

⌂ Von Wasser umgeben
Puerto de Mogán
Auf der einen Seite der Hafen, auf der anderen der Strand: Die exponierte Lage und die mediterrane Architektur sind die Pluspunkte des Hotels (56 Zimmer).
Puerto s/n, T 928 56 50 66, www.hotelpuerto demogan.com, DZ ab 260 €

⌂ Für Familien
Cordial Mogán Valle
Fußläufig zum Strand: 303 Komfort-Apartments mit Wohnküche, auf Wunsch ein oder zwei Schlafzimmern und Bädern – besten Talblick bieten jene im obersten Stock! Mit drei Pools sowie Spas, zwei Tennisplätze gegen Gebühr.
Barranco de Mogán, T 928 72 11 47, www. cordialhotels.de, Ap. ab 140 €

⌂ Mitten im Leben
La Venecia de Canarias
Freundliche Apartments am Hafen, mit und ohne Meerblick, mit einem oder zwei Schlafzimmern. Die größeren haben schöne Dachterrassen.
Av. El Castillete, T 928 56 56 00, www.laveneci adecanarias.net, Ap. ab 120 €

⌂ Minimal Design
Radisson Blu Resort & Spa
Im oberen Talgrund sicherte sich Radisson Platz für ein Fünfsternehotel in skandinavischem Stil: mit klaren Formen und hellen Farben. Das schöne Spa öffnet sich mit Panoramafenstern zum Pool-Garten. Toll ist das Frühstücksbüfett mit Schwerpunkt Gesundes, Frisches, Regionales.
Av. de los Marreros 35, T 928 15 06 06, www. radissonblu.com/resort-grancanaria-mogan, DZ ab 149 €

Lassen Sie sich den Inselwein schmecken!

ⓤ Versteckt im Garten
El Patio Delicatessen
Feine, leichte Küche in einem grünen Terrassenlokal, schwungvoll geführt von Marinieves. Mittags gibt's hausgemachte Snacks und ausgefallene Salate, abends wird bei Kerzenlicht fein diniert, z.B. Thun-Tartar und Barsch-Ceviche oder Rinderfilet in Trüffelsoße. Dazu gute Weine.
Calle La Noria 1 (nahe Hotel Cordial Mogán Playa), T 928 56 63 65, tgl. außer Di 12.30–22 Uhr, Hauptgerichte ab 9 €

ⓤ Für Schinkenfans, Weinfreaks und Veggies
El Jamonal de Mogán
Eines der wenigen Lokale, in dem auch Einheimische einkehren: Bei Juan gibt's besten iberischen Schinken, … aber auch vegane Salate. Dazu 450 Weine, allein Spanien ist mit 35 Regionen vertreten. Wer tiefer in die Materie einsteigen will, nimmt an einer Wein-Degustation teil.
Calle Ribera del Carmen 1 (am Fuß des alten Dorfs), T 928 56 52 71, Facebook: jamonalde. mogan, So geschl., ab 4 €

WASSER UND FEUER

Die Kehrseite von Gran Canarias ›Sonnengarantie‹ ist der Mangel an Wasser: Es regnet wenig – zu wenig jedenfalls, um die vielen Menschen zu versorgen, die es gewohnt sind, täglich zu duschen, die Geschirrspül- und die Waschmaschine anzuwerfen und im Pool ein paar Runden zu schwimmen. Und da sind noch die Felder zu bewässern, die Hotelgärten und die Golfplätze, die Plantagen und Palmenhaine. Zwar wurden im gebirgigen Inselinnern zahlreiche Stauseen angelegt, doch sind diese von der launischen Zufuhr von oben abhängig. Und auch die Vorräte von unten reichen schon lange nicht: Kilometerlange Stollen durchziehen das Gebirge, um die Grundwasser-Vorräte anzuzapfen. Gran Canaria wie man es kennt, mit Landwirtschaft, Stadtkultur und Massentourismus verdankt seine Existenz den Meerwasserentsalzungsanlagen. Früher teuer mit Erdöl betrieben, arbeiten sie heute mit dem preiswerteren und umweltschonenden Osmose-Verfahren: Dem Meerwasser wird mechanisch Salz entzogen und so eine unversiegbare Quelle erschlossen.

Regenmangel bedeutet immer auch Feuergefahr. Vor allem im Sommer, wenn es monatelang trocken war, sind die Kiefernwälder im Inselinnern staubtrocken. Da reicht ein achtlos hingeworfener Zigarettenstummel, um eine Brandkatastrophe auszulösen. So geschah es zuletzt 2007, als ein von Starkwind angetriebenes Feuer weite Teile des Südwestens verwüstete. Wer die Landschaft durchfährt, merkt davon freilich kaum noch etwas: Die kanarische Kiefer, auf Vulkanen groß geworden, besitzt eine so dicke Rinde, dass sie selbst nach Feuersbrünsten wieder ausschlägt.

🍴 Ein Klassiker
Playa de Mogán
Auf der Straßenterrasse wird leckere, und oft kreativ abgewandelte kanarische Küche serviert: zum Beispiel Thun-Carpaccio und gebratener Ziegenkäse mit Mojo-Soße. Als Dessert empfiehlt sich Gofio-Mousse mit Tomatenkonfitüre.
Av. del Castillete 14, T 928 56 51 35, www.restauranteplayademogan.com, tgl. außer Mi ab 12 Uhr, um 17 €

🛒 Ausnahmezustand Markttag
Mercadillo
Am Freitag, wenn überall Verkaufsstände aufgebaut werden, ist der Teufel los. Dabei ist das Angebot keineswegs umwerfend: viel Krimskrams, wenig Kunsthandwerk.

🚢 Bootstouren
Mit U-Boot oder Windjammer – fast alles ist möglich (▶ S. 60).

🚴 Radfahren
Free Motion
Radverleih und -touren, auch mit E-Bikes.
Hotel Cordial Mogán Playa, Av. de los Marreros 2, T 928 77 74 79, www.freemotion.com, Sa geschl.

🤿 Tauchen
Delphinus Diving School
Tauchschule mit Kursen & Equipment.
Hotel Cordial Mogan Playa, Av. de los Marreros 2, T 607 054 715, www.delphinus.eu/diving-gran-canaria/

🥾 Wandern
Im gebirgigen Hinterland gibt es tolle Touren, leicht machbar ist die Wanderung ab Veneguera (▶ S. 67). Organisierte Ausflüge bietet die Grupo Montañero an (Mobil 647 58 06 33, www.trekkingmogan.com).

ℹ️ Infos
Im Internet:
http://turismo.mogan.es/de

Der Westen

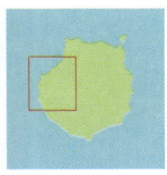

Hypnotisches Kastagnetten-Klacken und Trommel-
wirbel begleiten die Tänzer von den Bergen bis
hinab zur Küste. Immer mit von der Partie sind
Papagüevos, Pappkamaraden in Übergröße, die Wür-
denträger der Gemeinde karikieren. Dieses bizarre
Fest, das auf prähispanische Riten zurückgeht, wird
alljährlich am 4. August in Agaete gefeiert. In Gran
Canarias abgelegenem Westen machen Sie Urlaub unter Einheimischen.
Es geht sehr ruhig und gemütlich zu – die größte Attraktion im Westen
ist die grandiose Landschaft!

Mogán 🗺 B 6

Kaum zu glauben, dass von diesem kleinen, unspektakulären Bergdorf in 600 m Höhe die touristischen Goldgruben des Südwestens gemanagt werden. Hier können Sie einen Zwischenstopp auf der Fahrt in die Berge einlegen.

Klein, aber reich

In Mogán öffnen ein paar gute Ausflugslokale, Spaß macht auch der Besuch von Molino Quemado, der restaurierten Mühle an der Durchgangsstraße. Das überdimensionale Bügeleisen nahebei sowie weitere längs der Straße abgestellte Alltagsgegenstände in Maxi-Größe stammen von dörflichen Festumzügen. Weiter oben, im Mittelpunkt von Mogán, lohnt die Kirche mit lauschigen Terrassen einen Blick.

🍽 Traditionell kanarisch
Casa Enrique
Rustikal-gemütliches Lokal mit selbst gebackenem Landbrot, großzügigen

Portionen kanarischer Klassiker, leckeren Tapas und guten hausgemachten Nachspeisen.
Calle San José 3, T 928 56 95 42, Menú del día (Tagesmenü) 8 €

Veneguera 🗺 B 6

Eine 8 km lange Holperpiste führt zur großen Sand-Kies-Bucht Playa de Veneguera, die man sich werktags mit wenigen Gleichgesinnten teilt. Hier können Sie eine Badepause einlegen!

🍽 Rustikal mit Esel
Cañadas
Das Ausflugslokal, aus Naturstein und Holz erbaut, bietet weiten Talblick, dazu Käse, Schinken, ›Kartöffelchen‹ *(con mojo)* und deftiges Fleisch vom Grill. Auch wer nur auf einen frisch gepressten Obstsaft vorbeikommt, ist willkommen. Ein Mini-Museum zeigt Ackergerät von anno dazumal.
GC-200 Km. 52,1, T 928 94 35 90, http://res taurantelascañadas.es, tgl. ab 10 Uhr, um 15 €

In La Aldea werden Traditionen hochgehalten – zum Konzept des mehrmals im Jahr stattfindenden Living Museum gehört es, die Uhren um 100 Jahre zurückzudrehen.

Tasarte/Tasartico

📖 A/B 5

Die Weiler, tief versenkt in den gleichnamigen Schluchten, liegen so im Abseits, dass sich nur wenige Besucher dorthin verirren – auf der Suche nach ›Geheimtipps‹. Doch sobald die Straßen asphaltiert sind, wird ihre Zahl wachsen.

Am Meer
Während **Tasarte** mit einem einfachen Strand- und Fischlokal (La Oliva, Mo geschl.) aufwartet, befindet sich am Strand von **Tasartico** ein Campingplatz (▶ S. 112). Im Weiler Tasartico startet der schattenlose, anstrengende Weg zu den Playas de Güi Güi, für den Sie drei Stunden brauchen (eine Richtung, schattenlos): Die beiden schmalen, nur zu Fuß bzw. per Boot erreichbaren Sandstrände liegen am Fuß hoher Klippen.

La Aldea de San Nicolás 📖 A 4

Am Ende der Inselwelt – gleich weit vom Süden wie vom Norden entfernt – liegt La Aldea (›das Dorf‹). Untouristisch geht es hier zu, denn die Gemeinde setzt seit Jahrzehnten vor allem auf Landwirtschaft.

Etwas provinziell
Grandios ist das halbrunde, von Gebirgszacken gesäumte Tal, das sich in einer weiten Bucht zum Meer öffnet. Weniger grandios wirken die mit Plastikplanen bedeckten Tomaten-Plantagen. Immerhin wurden Verschönerungsaktionen gestartet: Im Vorort Tocodomán öffnet der große Kaktusgarten **Cactualdea** mit Tausenden stacheliger Exoten aus aller Welt (http://cactualdea.es, tgl tgl. 10–17 Uhr, 6,50/3,50 €); 3,5 km weiter, wo Sie auf die Durchgangsstraße

W WANDERN

Vom Tasarte-Pass nach Mogán: Von der GC-200 Km. 45,7 führt ein markierter Wanderweg über das Geisterdorf La Cogolla nach Veneguera und weiter nach Mogán. Die Tour ist leicht, beinhaltet nur wenige Aufstiege. Bei Orientierungsproblemen ab Veneguera fragen Sie nach ›Cruz de Mogán‹ (3.30 Std./6,2 km).

stoßen, stehen restaurierte Mühlen. Im Ortszentrum steht die wuchtige Pfarrkirche (1972), geschmückt mit ausdrucksstarken Skulpturen des kanarischen Barockbildhauers Luján Pérez. Hinter der Kirche wurde die Hauptstraße verkehrsberuhigt – nach Voranmeldung (T 928 89 24 25) können hier historische Tante-Emma-Läden besichtigt werden. Rings um die Gemeindekirche werden Sie unter Einheimischen für wenige Euro satt – so in der Bar Segundo.

Im Hafen
Attraktiv ist der 5 km entfernte Hafen **Puerto de la Aldea.** Eine Promenade führt zwischen dem Kiesstrand und einem Palmenwäldchen zum Tümpel El Charco, wo alljährlich am 11. September eine Schlammschlacht stattfindet – eine Riesen-Fiesta. Zum Auftakt der Promenade öffnen Terrassenlokale: Toll ist die Lage, die Qualität der Fischgerichte leider schwankend. Nichts falsch machen kann man mit der Ortsspezialität *ropa vieja de pulpo* (Kichererbsen mit Tintenfisch) oder einer Tapa Ziegenkäse – probieren Sie dazu ein Gläschen Rotwein! Von den Lokalen führt ein Sträßlein zur beschaulichen Fischermole, wo in einer ehemaligen Lagerhalle ein kleines Info-Zentrum öffnet. Für die Weiterfahrt bieten sich zwei Traumstraßen an: Entweder folgt man der GC-210 ins Landesinnere (▶ S. 68) oder wählt die GC-200 (z.T. untertunnelt) längs der spektakulären Nordwestklippen.

8

Im Grand Canyon – **der Barranco de la Aldea**

So eng ist die Schlucht, dass darin nur ein schmales Asphaltband Platz findet. Durch Engpässe und über Steilstufen schraubt es sich nach Artenara, zum höchsten Inseldorf hinauf – vorbei an Stauseen und Höhlenweilern. Hier zeigt sich die Insel von ihrer wilden Seite: schroff, einsam und spektakulär!

Der Einstieg ist nicht leicht zu finden: Im Straßengewirr von La Aldea weist nur ein dezentes Schild in Richtung Artenara. Haben Sie den Ort hinter sich gelassen, rücken die Felswände so eng zusammen, dass Sie bald glauben, es gäbe kein Durchkommen!

Das Untertal: Stauseen

Der Barranco de la Aldea, der von der Westküste bis zum Inselzentrum hinaufreicht, durchschneidet Gran Canarias einsamste Region – 2005 wurde sie von der UNESCO zum Biosphärenreservat erklärt. Nach ein paar Kilometern passieren Sie die **Presa Caidero de la Niña** **1**. Im Winter, wenn sich der See füllt, glitzert er smaragdfarben, im Sommer, wenn er ausgedörrt ist, erscheint der puzzleartig aufgebrochene Lehmboden als riesiges Mosaik. Wenig später zieht sich die Straße in engen Haarnadelkurven die gigantische Staumauer des Sees **Presa del Parralillo** **2** hinauf – ringsum türmen sich gewaltige Felsmassen. Weit greift der See ins Gebirge aus, so in den Barranco des Bergdorfs El Carrizal, zu dem sich bei Km. 22 eine Asphaltpiste hinaufschraubt. Doch wir bleiben am Seeufer und passieren wenig später **Molino del Viento** **3**, eine Windmühle, die verwegen auf einer Klippe thront (Km. 18,7) – ein fantastischer Ort für ein Picknick mit Nadelöhrblick in den wilden Canyon.

Das Obertal: Höhlendörfer

Terrassenfelder mit Orangen, Zitronen und Mispeln kündigen eine Siedlung an. Und tatsächlich: Unter einem gewaltigen Felsüberhang ducken sich die Höhlenhäuser von **Acusa Verde** **4** (Km. 16). Fahren Sie weiter, kommt links ein kleiner, vom Gipfel des

ÜBRIGENS

Der **Barranco de la Aldea** ist ein Entwässerungstal. Aus allen Himmelsrichtungen münden Seitenschluchten ein, die bei sturzbachartigem Winterregen große Wassermassen mit sich führen. Damit das kostbare Nass nicht ungenutzt ins Meer fließt, wurden mehrere Stauseen angelegt – insgesamt haben sie ein Volumen von 11,5 Mio. m³.

Altavista überragter Stausee in Sicht. Derweil liegt zur Rechten glatt wie ein Tablett ein Hochplateau, das einen aus der zerrissenen Gebirgslandschaft aufragenden Tafelberg bedeckt. Im Spätwinter und Frühjahr, wenn das Plateau mit Blumen übersät ist, weiden hier Schafe, während sich der Hirte im Schatten des Kirchleins von **Vega de Acusa** **5** ausruht. Bei einem Holzkreuz rechts der Straße (Km. 12,2) zweigt rechts eine Asphaltpiste ab, die 1 km weiter an einem Wendeplatz endet. Auf einem Treppenweg steigen Sie hinab nach **Acusa Seca** **6**, das ›trockene Acusa‹. Unterhalb eines Felsüberhangs haben die Ureinwohner so viele Höhlen in den Vulkan geschlagen, dass er wie eine durchlöcherte Felsfestung erscheint: Der Blick über Schluchten hinweg auf die Felstürme des Roque Bentayga und Roque Nublo ist überwältigend und verschafft zugleich territoriale Kontrolle – jede größere Bewegung ist auf Kilometer sichtbar. Nach diesem Abstecher führt die GC-210 in den Kiefernwald des Zentrums hinauf. An der Straßenkreuzung, die Sie wenig später erreichen, müssen Sie entscheiden, ob Sie sogleich rechts ins Bergdorf **Artenara** **8** wollen oder zuvor noch links ins **Tamadaba-Massiv** **7**: Eine wenig befahrene Ringstraße erschließt den duftenden Kiefernwald, von dem sich über Steilflanken hinweg herrliche Tiefblicke eröffnen.

INFOS

Die Strecke ist nur ca. 30 km lang, aber so spektakulär, dass Sie für die Fahrt 2–3 Std. einplanen sollten.

KULINARISCHES FÜR ZWISCHENDRIN

Die nächste Einkehrmöglichkeit gibt es in **Artenara** **8** (▶ S. 96), herrliche Plätze für ein Picknick sind die Mühle (GC-210 Km. 18,7) sowie der Rastplatz im Tamadaba-Wald (am nördlichsten Punkt der Ringstraße).

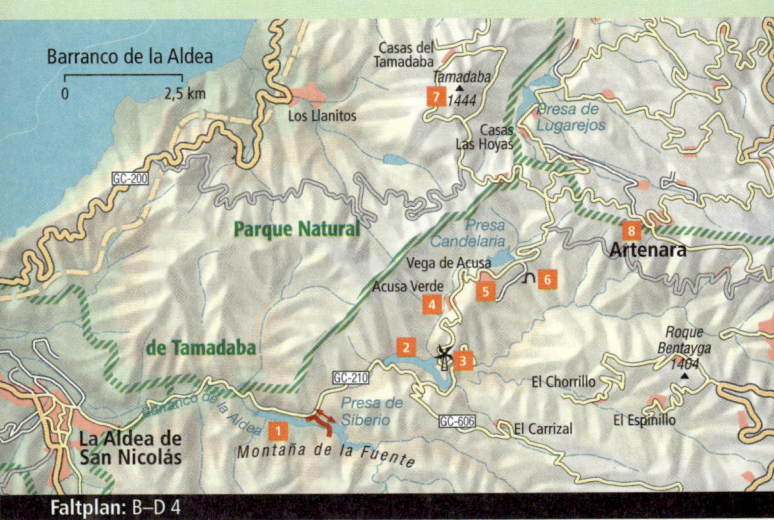

Barranco de la Aldea

0   2,5 km

Casas del Tamadaba

Tamadaba **7** 1444

Los Llanitos

Casas Las Hoyas

Presa de Lugarejos

GC-200

Parque Natural

Presa Candelaria

8 **Artenara**

Vega de Acusa

Acusa Verde

6

5

4

de Tamadaba

2

GC-210

3

Roque Bentayga 1404

El Chorrillo

Presa de Siberio

GC-606

El Carrizal

El Espinillo

1

La Aldea de San Nicolás

Montaña de la Fuente

Barranco de la Aldea

Faltplan: B–D 4

🍴 Freundlicher Wirt
Los Cascajos
In einer ruhigen Seitenstraße im Ortszentrum betreibt Señor Segundo ein einfaches Hotel. Wahlweise gibt's 20 funktionale Zimmer oder 13 große Apartments, dazu ein üppiges Frühstück und in der Bar am Kirchplatz ein preiswertes Tagesmenü.
Los Cascajos 9, T 928 89 11 65, www.hotelcascajos.es, DZ ab 50 €

ℹ️ Infos
Información Turística: Av. Dr. Fleming 57, www.laaldeadesannicolas.es (Link Turismo): Das Büro in einer alten Mühle am Abzweig der GC-200 nach Mogán öffnet »nach Lust und Laune«. Eine Filiale befindet sich auf der Hafenmole.
Fiesta del Charco: 11. Sept. Vor und nach der Wasserschlacht finden Viehmarkt, Kunsthandwerksmesse und nächtliche Feuerwerke statt.
Bus: Linie 101 fährt 5 x tgl. via Agaete nach Gáldar, wo es Anschluss nach Las Palmas gibt; ebenso häufig bedient Linie 38 die Strecke nach Puerto de Mogán.

Andén Verde/ El Risco 🗺️ B 3

Spaniens höchste Klippen! Obendrein ist die 40 km lange Küste zwischen La Aldea und Puerto de las Nieves eine der wenigen der Kanaren, die unbebaut geblieben ist.

Gigantisch
Es liegt an ihrer schroffen Natur, die jeden menschlichen Eingriff zum Mammut-Unternehmen macht: Bis zu 1000 m fallen Klippen senkrecht in die Tiefe, nur an wenigen Stellen werden sie von schmalen Schluchtmündungen durchbrochen. Ein ebenso schwieriges wie kostspieliges Unterfangen war denn auch die neue 100 Mio. € teure Brücken-Tunnel-Straße, die jedoch die recht kurvenreiche Fahrt verkürzt. Gleich zu Beginn der Strecke lohnt ein Abstecher zum **Mirador del Balcón,** wo Sie von einer Aussichtskanzel bis Teneriffa schauen.
Die Tunnelstraße endet vorerst in **El Risco,** dem einzigen Weiler weit und breit. Dörflicher Treff ist die Straßenbar **Perdomo,** über der auch einfache Zimmer vermietet werden (T 928 89 40 57 und 607 51 60 22, Facebook: barperdomo1940).

B BADEN

Nach einem regenreichen Winter lohnt eine kleine Wandertour zum **Blauen Teich** (ab Bar Perdomo grün markiert: ›Charco Azul‹, SL-02; hin und zurück 3,4 km): Ein Wasserfall speist mehrere Felsgumpen, in denen Sie planschen können. Alternativ bietet sich ein Bad am Kiesstrand **Playa del Risco** an.

Puerto de las Nieves 🗺️ C 2

Wenn es einen Ort zum Fischessen gibt, dann diesen: Von den Terrassenlokalen schauen Sie auf Schiffe, dahinter fallen die Klippen der Nordwestküste wie eine gezackte Fieberkurve ins Meer.

Im ›Schneehafen‹
Zugleich ist Puerto de las Nieves ein Hafen, von dem mehrmals täglich Schnellfähren zur Nachbarinsel Teneriffa starten. Wichtigste Sehenswürdigkeit ist die winzige Kapelle **Ermita Virgen de las Nieves.** Schön sind nicht nur die Schiffsmodelle, sondern auch ein Triptychon der Schneejungfrau, die dem Ort ihren Namen gab. Gemalt wurde es im 15. Jh. vom flämischen Meister Joos van Cleve – der Louvre ließ für seinen Fundus eine Kopie anfertigen!

Das Kirchlein zu Ehren der Schneejungfrau in dem nach ihr benannten Hafen (Puerto de las Nieves) beherbergt ein künstlerisches Kleinod: das Triptychon eines flämischen Meisters aus dem 16. Jh.

Ein Bummel führt zur alten **Mole,** von der man den ›Finger Gottes‹ (Dedo de Dios) sieht, einen aus dem Meer ragenden Felsen, der 2005 beim Tropensturm Delta seine Spitze verlor. Über Steinstufen (oder vom Kiesstrand aus) steigt man von der Mole in das nicht immer saubere Wasser, doch hält dies kaum jemanden davon ab, in die Fluten zu springen. Anschließend geht es — vorbei an rustikalen Strand-Liegeflächen — zum Scheitelpunkt der neuen Mole. Dort startet der **Paseo de los Poetas,** eine attraktive Promenade, die an **Meerwasser-Pools** endet. Spaß macht ein Bad bei Flut, wenn sich die Becken mit Frischwasser füllen und man seelenruhig seine Runden dreht, während sich wenige Meter entfernt lautstark Wellen brechen. Oberhalb der Pools führt ein slalomförmiger Betonweg die Klippe **El Turmán** hinauf, wo sich das Hotel Roca Negra befindet, eine von mehreren Unterkünften im Ort.

🛏 Inklusive Spa
Puerto de las Nieves
Stilvolles, maritim inspiriertes Viersternehaus mitten im Ort. Die 30 auf zwei Stockwerke verteilten Zimmer sind mit Edelholz maritim eingerichtet, im Bad fehlt es nicht mal am Bademantel. Das Frühstück wird im eleganten Restaurant Faneque eingenommen, im Untergeschoss öffnet das Spa Las Nieves: mit Thermal-Zirkelbad, Whirlpool, finnischer und türkischer Sauna, auf Wunsch Massagen, Fango- und Algenpackungen.
Av. Alcalde José de Armas s/n, T 928 88 62 56, www.hotelpuertodelasnieves.es, DZ ab 100 €

🍴 Großzügige Fischplatten
Dedo de Dios
Mit herabbaumelnden Farnen, Papier-Tischdecken auf Holztischen und flotten Kellnerinnen verströmt das Lokal Trattoria-Ambiente. Das Menü ist üppig (guter Salat!); *à la carte* gibt es gegrillte Fischplatten *(parrilladas),* Tagesfisch *(pescado del día)* und viele Meeresfrüchte, auch Napfschnecken *(lapas).* Die Desserts sind hausgemacht — zur Verdauung empfiehlt sich ein Kräuterlikör *(orujo).* Am Wochenende, wenn ausflugsfröhliche Hauptstädter einfallen, ist es schwer, einen freien Tisch zu ergattern.
Calle Nuestra Señora de las Nieves s/n, T 928 89 80 00, um 15 €, Menü 9 €

🍴 Von Italienern geführt
Ragú
Von den Terrassenlokalen an der Promenade ist dies das beste: Letizia hat aus Italien interessante mediterrane Rezepte mitgebracht!

Paseo de los Poetas 10, T 605 45 39 65, Mi. geschl., Hauptgerichte ab 7 €

🍴 Trattoria-Ambiente
El Capitá
Bei Fausto und María blickt man über die Dächer hinweg aufs Meer. Es gibt schmackhafte Fischgerichte und Paella, für weniger als 10 € auch ein sehr gutes Mittagsmenü!

Calle Nuestra Señora de las Nieves 37, T 619 30 70 91, 11–17 Uhr, im Sommer länger

❶ Infos
Información Turística: Calle Nuestra Señora de las Nieves 1, T 928 55 43 82, www.aytoagaete.es, So, Mo geschl.
Bus: Linie 103 fährt alle 30–60 Min. nach Gáldar mit Anschluss nach Las Palmas; 2–4 x tgl. bedient Linie 101 die Strecke nach La Aldea de San Nicolás, Linie 102 die Strecke ins Agaete-Tal. Fähre: Die Schnellfähre (www.fredolsen. es) fährt mehrmals tgl. in 60–90 Min. nach Santa Cruz de Tenerife. Der Spaß kostet pro Person hin und zurück ca. 90 €.

Monica von der Casa Luna betreibt auch eine Seifen-Manufaktur.

Agaete 🗺 C 2

Zwar ist das kleine Gemeindedorf in Spaniens Boom-Jahren mächtig expandiert, doch rund um den Kirchplatz ist es schön wie eh und je, unter Indischen Lorbeerbäumen tollen Kinder umher und auf den Bänken halten ältere Herrschaften ihren Plausch.

Sympathisches Dorf
Neben der Kirche öffnet das **Museo de la Rama** 🟥, das u. a. jene skurrilen Riesenköpfe zeigt, die bei der gleichnamigen Fiesta (s. Infos) in Aktion treten (So geschl.). Oberhalb der Plaza schlendert man über die Hauptstraße Calle de la Concepción und wirft einen Blick in die **Casa de Cultura** 🟥, eines der ältesten Herrenhäuser im Ort. Rings um einen romantischen Innenhof gruppieren sich Säle mit Holzdecken und -dielen – ein schöner Rahmen für Ausstellungen, die hier stattfinden (Calle Concepción 11, Eintritt frei). An der nächsten Ecke, wo sich die Straße verzweigt, befinden sich die Dorfbäckerei La Dulcería mit Stehcafé und gegenüber die schmucke Bibliothek. Halten Sie sich rechts, erreichen Sie – unterhalb einer Arkade – den Eingang zum **Huerto de las Flores** 🟥 (▶ S. 74).

Am Ortsausgang Richtung Tal
Es lohnt sich, der (ausgeschilderten) Zufahrt zur **Necrópolis de Maipés** 🟥 zu folgen. Hinter einem stylischen Eingangsportal öffnet sich – von Felswänden flankiert – eine bizarre Landschaft schwarz aufgebrochener Lavafelder, die vom letzten Vulkanausbruch vor ca. 3000 Jahren stammen. Das Areal ist aus landwirtschaftlicher Sicht ›schlechtes Land‹ (*maipés* bzw. *malpaís*), doch ideal zur Bestattung von Toten in Lava-Höhlen. 700 sogenannte Tumuli-Gräber legten die Ureinwohner an, teilweise sind sie über 1300 Jahre alt. Panorama- und Lehrpfade erschließen das Gelände,

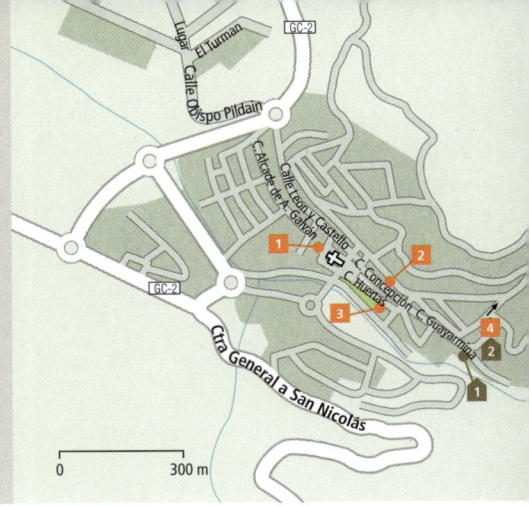

AGAETE

Sehenswert

1. Museo de la Rama
2. Casa de Cultura
3. Huerto de las Flores
4. Necrópolis de Maipés

In fremden Betten

1. Casa Luna
2. Finca Las Longueras

0   300 m

wobei sie immer neue, attraktive Aus- und Einblicke freigeben. Zuletzt ersteigen Sie eine Aussichtsplattform, in die ein kleines Museum eingelassen ist. Von hier überblicken Sie das Tal und begreifen, warum die Bewohner Agaetes stolz verkünden, *»vivimos entre el mar y el monte«* – »wir leben zwischen Meer und Berg«.

Calle Chapín s/n, T 664 69 67 18, www.arqueo logiacanaria.com, Di–So 10–17, im Sommer bis 18 Uhr, 3 €, Kombiticket mit anderen archäologischen Fundstätten 10 €

MITTEN IM DORFLEBEN

Casa Luna

Mónica und ihr deutscher Mann Helgo haben ihr Haus in eine tolle Mini-Pension verwandelt. Für Gemütlichkeit sorgt das zeitgemäß rustikale Ambiente, so im kleinen Innenhof mit seinen Natursteinwänden und im Ess- und Wohnraum, die Sie mit der Familie teilen. Von den drei Zimmern ist Atlántico am größten, es verfügt über eine Dachterrasse mit Bergblick. Alle Zimmer haben Bad, gute Betten und Gratis-WLAN (Calle Guayarmina 1, T 928 55 44 81, Mobil 677 51 53 31, casarurualluna99@gmail. com, DZ ab 40 €).

Feudaler Kolonialstil
Finca Las Longueras 2

Wollten Sie schon immer einmal in einer verspielten Villa übernachten? Der Landsitz aus dem 19. Jh. (zehn DZ) ist mit Antiquitäten eingerichtet – schön sind die Salons, die schattigen Terrassen und der Garten-Pool unter Palmen. Die Orangen, die ringsum wachsen, landen natürlich auf dem Frühstückstisch!

Valle de Agaete, T 928 89 81 45, www.laslon gueras.com, DZ ab 130 €

❶ Infos und Termine

Información Turística: Im Huerto de las Flores öffnet unregelmäßig eine Touristeninfo.

Bus: Linie 102 fährt mehrmals tgl. ins Tal; s. auch Puerto de las Nieves (▶ S. 72)

La Rama de San Pedro: 28. Juni. Vom Tamadaba-Massiv wandern Wallfahrer ins Agaete-Tal, wo eine große Fiesta steigt.

La Rama de Agaete: 4. Aug. In Erinnerung an altkanarische Riten pilgern Tausende mit Zweigen in der Hand und zu hypnotischen Kastagnetten-Klängen durchs Dorf bis zum Meer, wo sie mit dem Grünzeug die Wellen peitschen. Mit von der Partie sind Papagüevos, riesige Witzfiguren bekannter Persönlichkeiten (ausgestellt sind diese im Museo de la Rama neben der Kirche, das leider meist geschlossen ist).

Blühende Gärten –
in Agaete

Exotische Früchte von allen Kontinenten, dazu Europas einzigen Kaffee, der vor Ort gekostet werden kann: Gern legt man im Valle de Agaete eine Pause ein!

»Garten der Blumen«

»Señor Antonio zeigte uns seinen Garten. Orangen, Mangos und Guaven fielen von den Bäumen und wir zertraten sie, als wir voranschritten. Auch Bananen, Avocados und andere tropische Früchte wuchsen in Hülle und Fülle. Der Garten erschien mir wie ein Dschungel voll üppiger Pflanzen…« Mit diesen Worten schildert die englische Reiseschriftstellerin Olivia M. Stone Ende des 19. Jh. den **Garten der Blumen** 3 (Huerto de las Flores) in Agaete. Ganz so enthusiastisch möchte man ihn heute nicht mehr beschreiben. Doch noch immer breitet – gleich hinter dem Eingangsportal – der südamerikanische Eierbaum seine Arme aus. Aus dunkelgrünem Blätterdach purzeln zweimal im Jahr gelbe Früchte, die beim Fallen aufplatzen. Dabei ist das ›Ei‹, das der Avocadofrucht in Form und Geschmack ähnlich ist, eine wahre Delikatesse als Beigabe zum Salat oder zum Dessert. Doch gibt es im Garten noch andere Überraschungen: Pitanga, wegen ihrer roten Beeren, aus denen sich Saft und Marmelade herstellen lässt, auch Surinam-Kirsche genannt, ein paar Schritte weiter indische Mandeln und Malabar-Nüsse.

Ins Tal!

Noch schöner als der kleine Garten ist das angrenzende Valle de Agaete, kurz ›El Valle‹, das sich 9 km landeinwärts zieht. Nach einem regenreichen Winter, wenn es erblüht, entfaltet es seinen Zauber: Dann lugen Orangen und Zitronen, Avocados und Papayas aus dem Dickicht, ringsum erhebt sich eine beeindruckende Felsarena. Selbst Kaffeesträucher gedeihen in diesem Tal! Knapp oberhalb von **San Pedro** können Sie im Rahmen einer Führung den Anbau auf der **Fin-**

Schon immer war der Garten Huerto de las Flores Treffpunkt von Künstlern und Literaten. **Tomás Morales**, einer der wichtigsten spanischen Schriftsteller des 20. Jh., arbeitete in Agaete als Arzt und hielt im Garten *tertúlias* ab: Poesie-Gespräche mit seinen Dichterfreunden Alonso de Quesada und Saulo Torón. In Erinnerung an die illustren Gäste finden im Sommer Dichterlesungen und Konzerte statt.

ca La Laja ❶ kennenlernen. Stellen Sie das Auto vor dem Kirchlein ab und folgen Sie der steilen Straße ca. 200 m hinauf, wo links eine von einer Wein-Pergola beschattete Piste zur Finca führt. Zum Anwesen gehören eine Kapelle, ein Terrassencafé, ein Kulinaria-Laden – und weitläufige Plantagen. Gern erläutert Víctor Lugo, der Sohn des Besitzers, den Herstellungsprozess: Der Kaffeestrauch, der es schattig, warm und windgeschützt liebt, muss drei Jahre wachsen, bevor er erstmals Blüten treibt und dunkelrote Früchte ausbildet. In ihnen verbergen sich die Samen, die uns bekannten Kaffeebohnen. 7 kg bringt er davon auf die Waage, von denen nach dem Trocknen 1 kg übrig bleibt. Durch das Rösten und Mahlen verlieren sie Wasser, Zucker und Bitterstoffe und können so ihr volles Aroma entfalten. So produziert Víctor 600 kg Kaffee jährlich, seine 50 Mitbewerber im Tal produzieren insgesamt 5 t von ›Europas einzigem Kaffee‹. Doch nicht nur eine Tasse Kaffee ist im Eintrittspreis enthalten, sondern auch ein Glas des hauseigenen prämierten Weins Marke Los Berrazales, eine Tapa deftigen Ziegenkäses, Schinken und frisch gepflückte Orangen aus dem Garten!

*Die Kaffeebohne ist von Natur aus rot, erst durch das Rösten wird sie tiefbraun. Hier Bohnen aus der **Bodega Los Berrazales**, wo außer Kaffee auch hervorragender Wein produziert wird!*

INFOS/ÖFFNUNGSZEITEN
Anfahrt: von Agaete über die GC-231 zum Valle de Agaete

Huerto de las Flores ❸:
Calle Huertas s/n, meist Di–Sa 11–17 Uhr, Eintritt 1,50 €, Senioren 1 €

KULINARISCHES FÜR ZWISCHENDRIN
Finca La Laja ❶:
San Pedro, T 628 92 25 88, www.bodegalosberrazales.com, tgl. 10–17 Uhr, Degustation 6 € p. P.

Der Norden

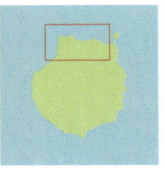

Am Fuß eines klassischen Kegels klafft ein Riesenloch – der Krater eines ehemaligen Maars, eines Vulkansees. Nicht nur der Blick hinab beeindruckt, auch der Wanderweg in 200 m Tiefe hat es in sich. Und Sie werden staunen über die üppige Pflanzenwelt, die aus Asche und Lava sprießt – selbst Wein wird im Bandama-Krater angebaut! Und damit haben Sie bereits einen Vorgeschmack auf Gran Canarias Norden, der sich dank feuchter Passatwolken in vielen Grün-Schattierungen zeigt. In den Gärten wuchern Exoten, auf saftigen Weiden grasen Kühe, und die Straßen sind von Eukalyptusbäumen gesäumt.

Gáldar 🗺 C/D 1

In prähispanischer Zeit war Gáldar Hauptsitz der Inselnordhälfte. Heute ist es eine in alle Himmelsrichtungen ausufernde Gemeindestadt, die ihre Vergangenheit originell in Szene setzt.

Hinein ins historische Zentrum!

Von ihrer schönen Seite zeigt sie sich jenseits der Durchgangsstraße: Die Fußgängermeile Calle Capitán Quesada führt an der Markthalle vorbei zur **Plaza de Santiago,** die von herrschaftlichen Gebäuden gesäumt ist. Im **Casino 1** gefällt der Jugendstil-Innenhof, im gegenüberliegenden **Ayuntamiento 2** (Rathaus mit Infostelle) der das Gebäude fast sprengende Drachenbaum und im angrenzenden Theater die spektakuläre Kuppel. Die wuchtige Kirche **Iglesia de Santiago 3** (1778), dem Patron der Kreuzzüge geweiht, zeigt dessen Figur hoch zu Ross neben dem Hochaltar. Mit ihren drei Schiffen und zwölf Kapellen gibt sie einen würdigen Rahmen für Prozessionen zu Ehren des Santiago (Hl. Jakob) ab. Nur unregelmäßig ist das Museo de Arte Sacro geöffnet, in dem die Pila Verde zu sehen ist, jenes grün glasierte Becken, in dem die ersten Altkanarier (zwangs)getauft wurden. Mehr über sie erfährt man in der **Cueva Pintada 4** (▶ S. 80). Regelmäßig geöffnet ist das ein paar Schritte entfernte, schmucke **Museo Antonio Padrón 5**: Im ehemaligen Atelier des Künstlers und in zwei weiteren Sälen werden ausdrucksstarke, von archaischen Landschaften und Menschen inspirierte Gemälde gezeigt (Calle Capitán Quesada 3, www.antoniopadron.com, Di–So 10–18 Uhr, 2 €).

An der Tafel
La Pizarra 1

Das Tagesangebot wird an der Tafel *(pizarra)* angeschrieben: Greifen Sie zu, wenn das kleine Restaurant neben der

---

DIE UREINWOHNER – EINWANDERER AUS AFRIKA

Ab ca. 500 v. Chr. wurden die Inseln von Berbern aus Nordwestafrika besiedelt. Über die Gründe kann nur gerätselt werden: Handelte es sich um Abenteurer, die wegen der Ausdehnung der Sahara nach neuem Lebensraum suchten? Oder waren es Zwangsdeportierte einer römischen Strafkolonie? Fest steht, dass die Inselbewohner, die sich Canarii nannten, Berberisch sprachen, was sich bis heute in Orts-, Personen- und Pflanzennamen ablesen lässt (z. B. Artenara, Gáldar, Teror und Telde). Schriftliche Zeugnisse in Form libyscher Zeichen sind bislang unentziffert. Die Canarii lebten als Ziegenhirten und Bauern in einer hierarchischen Gesellschaft: Zur führenden Kaste gehörten der Herrscher *(guanarteme)* und seine Hohepriester *(faycanes)*, die sich mit dem ›niederen Volk‹ nicht mischten. Bis über den Tod hinaus wurden die Klassenunterschiede gepflegt: Nur Mitglieder der Oberschicht wurden mumifiziert. Im 14. Jh. begannen europäische Seefahrer, die ihnen unbekannte Atlantikküste Afrikas zu erforschen: Sie suchten einen direkten Zugang zu den Goldschätzen des Schwarzen Kontinents und zugleich eine ›islamfreie‹ Seeroute in den Fernen Osten. Dabei stießen sie 1312 zufällig auf die Kanaren. Für die mittelalterlichen Europäer waren die Inselbewohner heidnische Wilde, die es zu missionieren und zu unterwerfen galt. 150 Jahre lang kam es zu Sklavenraubzügen und Scharmützeln, bevor Ende des 15. Jh. die spanische Krone den Archipel militärisch unterwarf – Gran Canaria wurde 1483 erobert.

GÁLDAR

Sehenswert
1 Casino
2 Ayuntamiento
3 Iglesia de Santiago
4 Cueva Pintada
5 Museo Antonio Padrón

Satt & glücklich
1 La Pizarra

Stöbern & entdecken
1 Mercado
2 Mercadillo

Kirche *ropa vieja* auf Lager hat, Kichererbsenragout mit Fleisch. Gern bestellt wird auch gebratener Käse *(queso asado),* dazu gibt es eine gute Auwahl kanarischer Weine und Biere

Calle Fernando Guanarteme 1, T 928 88 37 18, So geschl., Mo/Di nur abends, Uhr, um 14 €

Unter Einheimischen
El Casino de Gáldar 1
Im Jugendstilprachtbau wird ein gutes, preiswertes Menü serviert.

Plaza de Santiago/Calle Soront Semidan 12, Di–Fr 12–16 Uhr, Menü 8 €

Schöne Markthalle
Mercado 🛈
In der altertümlichen Markthalle an der Fußgängerstraße erhalten Sie den schmackhaften *queso de flor* bzw. *queso de media flor* (▶ S. 82)! Auch einen Bio-Stand *(herbolario)* gibt es.

Calle Capitán Quesada 29, Mo–Sa 8–13 Uhr

Donnerstagsmarkt
Mercadillo 2
Wenn Sie Gáldar an einem Donnerstag besuchen, erleben Sie auf dem Kirchplatz einen Markt mit Gemüse und Obst, Kunsthandwerk und allerlei Krimskrams.

❶ Infos und Termine
Touristeninformation: Calle Tagoror 2 (Casona del Drago), Gáldar, T 928 89 58 55, www.galdar.es, Mo–Fr 10–14 Uhr. Parkplätze sind rar: Sie müssen

evtl. einige Gehminuten vom Zentrum Gáldars entfernt parken.
Busse fahren von Gáldar nach Agaete und Puerto de las Nieves (101–103), La Aldea de San Nicolás (101), Valle de Agaete (102) und Las Palmas (103, 105).
Fiesta de Santiago: 25. Juli. Fällt der Todestag des Heiligen auf einen Sonntag, wird in ganz Spanien das Jakobsjahr begangen (das nächste Mal 2021) und Tausende Pilger kommen nach Gáldar.

Sardina del Norte

🗺 C 1

Vorbei an anonymen Urbanisationen führt die GC-202 zur kleinen hellen Sandbucht, in der Sie baden können. Anschließend bietet sich ein Fischmahl an.

Schöner Strand & Fischlokale
Die beste Badebucht des Nordens ist von Klippen gesäumt, an ihrem Fuß verläuft eine Promenade. Im Schatten einer Mole ankert eine Flotille, die eine Handvoll Lokale mit Frischware versorgt. Originell ist **La Cueva,** wo Señor Salguero kanarisch-kreativ kocht – nehmen Sie in der ›blauen Höhle‹ oder auf der Straßenterrasse Platz! (Av. Alcalde Antonio Rosas 80, T 928 88 02 36, Di geschl., Preise um 20 €).

So lebten die Ureinwohner – **die Cueva Pintada in Gáldar**

In Gáldar befindet sich die wichtigste archäologische Fundstätte der Kanaren: Nicht nur die Bemalte Höhle, sondern ein ganzes Dorf wurde teils restauriert, teils rekonstruiert, um Besuchern einen Einblick in das Leben der Ureinwohner zu verschaffen.

Pechschwarz, Rostrot und Weiß in symmetrischen Mustern grell nebeneinander gesetzt: Die Rede ist nicht von moderner Kunst, sondern von einer Bemalten Höhle, die um 1000 n.Chr. von altkanarischen Meistern gestaltet wurde. Man sieht Vierecke und Rauten, vor allem aber Dreiecke, die an ineinandergreifende Zähne erinnern, vielleicht auch an stark abstrahierten Regen oder an das weibliche Geschlecht. Vermutet wird, dass sie eine Art Mond- und Sonnenkalender darstellen, die den Zeitpunkt von Saat und Ernte festlegen.

Agáldar auf Tamarán

Die **Bemalte Höhle** 4 (Cueva Pintada) war der zeremonielle Mittelpunkt der großen Siedlung Agáldar, die vor der Conquista eine der beiden Hauptstädte von Tamarán war – so hieß damals die Insel. Hier lebte der *guanarteme,* der Herrscher, samt seinem Hofstaat, den Hohepriesterinnen, den weltlichen und geistlichen Beratern, den *harimaguadas, faycanes* und *guayres.*

Nach der Conquista

Nach der Eroberung 1483 wurde auf der zerstörten altkanarischen Siedlung eine neue, spanische Stadt errichtet: mit mächtiger Kirche, Plaza und Rathaus. Allmählich geriet das alte Agáldar in Vergessenheit, wurde begraben unter Zuckerrohr- und Obstplantagen. Erst 1862 wurden seine Ruinen zufällig wiederentdeckt und mit ihnen die Bemalte Höhle. Heute sind die Ruinen freigelegt und in einem **Archäologischen Park** zugänglich.

MUMIEN

Der Totenkult der Altkanarier ging so weit, dass neben dem lebenden Herrscher auch der Verstorbene ein Mitspracherecht hatte: Seine Mumie war bei allen Besprechungen dabei, sodass er – zumindest körperlich – anwesend war und ›befragt‹ werden konnte. Nach dem Tod des neuen Herrschers wurde der alte endgültig beigesetzt, nun übernahm der Nachfolger seine Rolle als ›sprechende‹ Mumie.

Keine Steinzeitkritzeleien, sondern mit großem Gespür für Harmonie der Farben und Formen entworfene Zeichen. Doch wofür stehen sie? Bis heute ist das Rätsel nicht gelöst …

Im Archäologischen Park

Im Museum wird ausgestellt, was bei Ausgrabungsarbeiten gefunden wurde: Idolfiguren mit überproportionalen Geschlechtsmerkmalen nicht nur von Männern und Frauen, sondern auch von bisexuellen Wesen; außerdem verzierte Keramikgefäße und sogenannte *pintaderas,* Tonstempel mit geometrischen Mustern. Anschließend werden Sie in die Zeit der Conquista zurückversetzt: In einem 3-D-Film kommt Arminda zu Wort, die Tochter von Tenesor Semidán, dem letzten altkanarischen Herrscher. Sie erzählt, wie sie nicht nur ihren Namen aufgeben musste, sondern auch ihren Status, ihre Sprache und Religion. Als Señora Catalina wurde sie einem Eroberer zur Frau gegeben. Sie berichtet, wie aus ihrem Stamm viele Menschen getötet oder versklavt wurden oder auf spanischen Schiffen auf Nimmerwiedersehen verschwanden …

Auf Ruinen

Das Filetstück des Archäologischen Parks ist das historische Agáldar. Unter einem riesigen Dach spaziert man auf Brücken und Stegen über 60 freigelegte Ruinenhäuser, vier von ihnen wurden originalgetreu rekonstruiert. Es handelt sich um Rundbauten, deren Holzbalkendecken mit Lavaplatten bedeckt und mit Lehm fugendicht verputzt wurden. Durch eine mannshohe Glasblase betritt man schließlich die Bemalte Höhle, das Herz des Parks.

INFOS/ÖFFNUNGSZEITEN

Museo y Parque Arqueológico Cueva Pintada 4 : Calle Audiencia 2, Gáldar, T 928 89 57 46, www.cuevapintada. com, Di–Sa 10–18, So 11–18 Uhr letzter Zugang 90 Min. vor Schließung, an Feiertagen geschl., 6/3 € (bis 18 Jahre frei)

KULINARISCHES FÜR ZWISCHENDRIN

Rings um die Plaza, wenige Schritte vom Archäologischen Park, gibt es mehrere Terrassenlokale, wie z. B. das Restaurant **La Pizarra** 1 neben der Kirche.

Faltplan: C 1 | **Cityplan:** S. 79

Santa María
de Guía 🗺 D 1

**Auch in Guía müssen Sie die Durch-
gangsstraße verlassen, um zum
historischen Kern vorzustoßen.
Hier erwarten Sie nette Straßen
mit ein paar Überraschungen.**

Verschlafen, aber schön
Kopfsteingepflasterte Fußgänger-
gassen führen zur **Plaza** mit einer
schönen klassizistischen Kirche und
dem herausgeputzten, einem lokalen
Musiker gewidmeten **Museo Néstor
Álamo.** Hier befindet sich auch die
Touristeninfo (Calle San José 7/Ecke
Canónigo Gordillo, www.museonesto
ralamo.com, Mo–Sa 10–15 Uhr).
Sehenswert sind darüber hinaus das
Kulturzentrum in der Calle Canónigo
Gordillo 22, untergebracht in einer
ehemaligen Kapelle.

❶ Infos und Termine
Bus: ▶ Gáldar S. 79
Fiesta del Queso: Anfang Mai. Auf
dem Kirchplatz (eine Woche später in
Montaña Alta) findet eine große Käse-
und Weinverkostung statt, dazu gibt's
Musik und Tanz.

Schön cremig: Spezialität des Ortes
ist der herkunftsgeschützte *queso
de flor.* Er hat einen leicht herben
Geschmack, milder schmeckt die
Variante *queso de media flor.* Sie
bekommen den Käse im urigen, flott
geführten Laden **Tienda de Arturo**
(GC-292, westl. Ortsausgang Richtung Gáldar – probieren Sie dazu
ein Glas Rotwein von der Insel!).
Im oft von Wolken verhangenen
Bergdorf Montaña Alta, das Sie über
die GC-70 erreichen, gibt es eine
Casa del Queso, ein ›Käsehaus‹,
in dem Sie Interessantes über die
Tradition der Käseherstellung er-
fahren (Calle Hoya de la Prensa 14,
T 928 55 81 64, tgl. außer Di und
Fr 10–14 Uhr, www.descubreguia.
com, 1 € bzw. 4 € inkl. Führung und
Käseprobe).

Las Marías en Guía: Mitte Sept. Am
drittletzten September-Wochenende
bringen Bauern Opfergaben, trommeln,
was das Zeug hält und blasen in die
Muschel.

*Auch Señor Arturo junior im gleichnamigen Laden an der Durchgangsstraße von
Guía bietet guten Blütenkäse.*

IN DER UMGEBUNG

›Speicherberg‹ der Ureinwohner – Cenobio de Valerón

An der GC-291, 2 km östlich von Santa María de Guía, reiben Sie sich die Augen: Unterhalb eines riesigen Felsüberhangs – 30 m hoch und 25 m breit – stapeln sich in acht Etagen wabenartig 298 Höhlen, die durch Gänge und Treppen miteinander verbunden sind. Sie wurden von den Altkanariern in den Berg geschlagen, dann mit Holz- bzw. Steintüren verriegelt und obendrein versiegelt, damit sich niemand unbefugt bedienen konnte. Denn die Höhlen bewahrten einen Schatz: Nebst Werkzeug wurden hier Getreideüberschüsse gelagert – Notproviant für Zeiten der Dürre und des Hungers. Obendrein wurde die Felsfestung bewacht: Auf dem (nicht zugänglichen) Plateau oberhalb des Höhlenlabyrinths befindet sich ein *tagoror*, ein Versammlungsplatz mit Steinsitzen und weitem Beobachtungsblick über die Küste. Schautafeln (auch auf Deutsch) erklären die Funktion des Cenobio und erläutern die Flora und Fauna.

www.arqueologiacanaria.com, Di–So 10–17, im Sommer bis 18 Uhr, 3 €, Kombiticket mit anderen archäologischen Fundstätten 10 €, Anfahrt LP-2 Salida 20, mit mit dem Bus nicht möglich

Moya 🏛 E 2

Der stille, im Winter oft wolkenverhangene Gemeindeort ist für die meisten Besucher nur Durchgangsstation zum Naturschutzgebiet Los Tilos. Er liegt auf einem Plateau am Rand einer tiefen Schlucht.

Oft feucht und frisch

Moya gefällt mit einer am Abgrund thronenden, machtvollen Kirche. Schräg gegenüber befindet sich das schmucke Kulturzentrum, dessen **Museum** an den hier geborenen Dichter Tomás Morales erinnert (Museo Tomás Morales, Paseo Tomás Morales 1, www.tomasmorales. com, Di–So 10–18 Uhr, 2 €). Schön ist auch das **Kunstzentrum** nahebei, un-

Cenobio heißt im Spanischen ›Kloster‹. Der Ausdruck erinnert daran, dass man jahrhundertelang glaubte, der Höhlenberg sei in altkanarischer Zeit Rückzugsort der *harimaguadas* gewesen, der Hohepriesterinnen. Hier sollen sie in Zurückgezogenheit gelebt haben, jede in ihrer eigenen Höhle. So romantisch die Geschichte auch klingt, wahr ist sie nicht!

tergebracht in einem historischen Haus (Centro de Arte, Calle Padre Juanito s/n, Di–Sa 10–14, 16–20 Uhr, Eintritt frei). 2,5 km oberhalb des Orts – erreichbar über die GC-700 – befindet sich der Zugang zum Naturschutzgebiet **Los Tilos,** dem letzten Lorbeerwaldrelikt der Insel. Eine schmale Landstraße führt durch den lichten Wald bis hinauf nach Fontanales.

Firgas 🏛 E 2

›Firgas‹ kennt jeder Inselbesucher, auch wenn er nie in diesem Ort war. Das hier geförderte Mineralwasser ist so gut, dass es bei jeder Mahlzeit mit von der Partie ist.

Mit großer Geste

Dass im Gemeindeort Firgas das kostbare Nass im Überfluss sprudelt, wird im Zentrum grandios in Szene gesetzt: Der **Paseo de Gran Canaria,** ein terrassenförmiger Promenadenweg mit Kachelbänken, Reliefs und Wappen aller Inseln, wird von einem Bächlein begleitet, das munter in die Tiefe rauscht. Weitere Attraktionen sind die benachbarte **Casa de la Cultura** (1872), ein ehemaliger Gasthof (Paseo de Gran Canaria 3, Mo–Fr 8–14 Uhr) und restaurierte Gofio-Mühle mit der Touristeninfo (Calle El Molino 12, GC-30 Km. 0,1, T 928 61 67 47, www.ciudadano.firgas.es).

In Arucas wird nicht nur guter Rum hergestellt, sondern auch Likör – die Palette reicht von Bananen- bis Mandelgeschmack. Vor dem Kauf darf gratis probiert werden.

El Roque E 1

Für Fans wilder Brandung: El Roque, ›der Fels‹, ragt als natürlicher Steg weit ins Meer.

Umgeben von Meeresrauschen

An vielen anderen Orten der Welt wäre die festungsartig bebaute Felszunge El Roque ein Touristenmagnet. Auf Gran Canaria aber haftet ihr etwas Weltvergessenes, fast Vernachlässigtes an. Trotzdem lohnt es sich, bis zum Kap an der Spitze zu laufen, wo Sie auf einem brandungsumtosten Plateau wunderbar sitzen und zeitgemäß verfeinert Fisch essen können (Locanda T 928 61 00 44, www.locanda-elroque.com, Di–So ab 11 Uhr, um 17 €). Am Fuß von El Roque startet eine schmale Küstenstraße, die an Naturschwimmbecken und preisgünstigeren Fischlokalen vorbei zu einer Bucht führt – für ein Bad ist diese aber zu gefährlich!

Arucas E/F 2

Schon von Weitem sehen Sie die kegelförmige Montaña de Arucas und ihr zu Füßen die Kirchtürme der Stadt. Dank Wasserreichtum war Arucas stets ein blühendes Landwirtschaftszentrum, was sich an der herausgeputzten, weitge- hend verkehrsberuhigten Altstadt ablesen lässt.

Herrschaftliches Herz

Auch der exotische Stadtpark gefällt. An ihn grenzt die runde, von Herrenhäusern eingefasste **Plaza de la Constitución.** Hier startet die stimmungsvolle Flanierstraße Gourié/León y Castillo, auf der die **Casa de la Cultura** mit Drachenbaum im Innenhof einen Blick lohnt (Calle Gourié 3). Herrschaftlich ist auch die Kunstgalerie **Mutua Guanarteme** (León y Castillo 6, Touristeninfo nebenan). Mehrere nette Terrassencafés und -lokale bieten sich für einen Snack an.

Von Gaudí inspiriert – die Kirche

Die Straße mündet in die Plaza de San Juan, wo sich das Highlight der Stadt auftürmt. Die Kirche **Iglesia de San Juan Bautista,** 1909 aus dem ›blauen‹ Arucas-Stein erbaut, ist mit ihren filigranen Türmchen, Maßwerkfenstern und Wasserspeiern von katalanischer Gotik inspiriert: kein Wunder, der Architekt Vega y March kam aus Barcelona. Tgl. 9.30–12.30, 16.30–18 Uhr, Eintritt frei

Europas größter Rumproduzent

Am entgegengesetzten Ende der Stadt weist ein hoher Schornstein den Weg zur **Rumdestille** (Fábrica de Ron), in der aus Zuckerrohr ›Feuerwasser‹ gewonnen wird. Durch Zerquetschen wird dem Rohr sein süßes Mark entlockt: Sarkara, in unserem Wort ›Zucker‹ leicht wiederzuerkennen, heißt im Ursprungsland Indien ›zerrissenes Stück‹. Zuckerrohr wurde auf der Insel unmittelbar nach der Conquista angebaut, doch erst 1862 gelang es dem Kubaner Bacardi, vergorenen Zuckersaft derart zu veredeln, dass daraus Rum entstand. 1884 wurde das Verfahren auf Gran Canaria kopiert. Seitdem ist Arucas' Destille die größte Rumproduzentin Europas, stellt leichte weiße und dunkel-schwere Ron de Oro Reserva her. In 600 Eichenfässern lagern 2 Mio. Liter – mindestens zwei Monate, maximal zwanzig Jahre.

Museo del Ron, Calle Era de San Pedro 2, T 928 62 49 00, www.arehucas.es, Mo–Fr 9–14, im Sommer bis 13 Uhr, 45-minütige Führung inkl. Verkostung 3,50 €, Parkplatz gratis

Gräflicher Garten
Auf der GC-330 Richtung Küste liegt 1 km unterhalb von Arucas und gegenüber dem Hotel La Hacienda der Jardín de la Marquesa, ein Villengarten mit Exoten aus aller Welt und herumstolzierenden Pfauen.

www.jardindelamarquesa.com, Mo–Fr 9–13, 14–18 Uhr, 6 €

🏠 Inmitten offener Bananenfelder
La Hacienda del Buen Suceso
Das orangefarbene Anwesen gegenüber dem Garten der Gräfin ist ein wunderbarer Ort, um zur Ruhe zu kommen. Schön sind der Pool-Garten mit Palmen und alten Drachenbäumen, der Kaminsalon und das Mini-Spa mit Whirlpool. Das Morgen- und Abendbüfet wird im schick aufgemachten ehemaligen Stall eingenommen, auf Wunsch gern auch draußen auf der Terrasse.

GC-330 Km. 4,2, T 928 62 29 45, www.hac iendabuensuceso.com, 18 Zimmer, DZ ab 110 €

🍴 Arucas von oben
Montaña de Arucas
Eine Spiralenstraße (ausgeschildert) führt vom Ortskern steil zum Berggipfel hinauf, wo Sie einen spektakulären Ausblick in alle Himmelsrichtungen genießen. Die Wiedereröffnung des dortigen Restaurants ist geplant.

🛍 Kleiner Markt
Mercadillo
Am Samstag findet im verkehrsberuhigten Zentrum ein gemütlicher Markt statt – auch Bauern verkaufen ihre Waren.

Zu Fronleichnam werden die Straßen von Arucas mit prachtvollen ›Teppichen‹ ausgelegt: fantastische Ornamente aus gefärbtem Salz.

🅸 **Infos**
Información Turística: Calle León
y Castillo 10, ☎ 928 62 31 36, www.
arucasonline.com
Bus: Vom Busbahnhof (estación de
guaguas) im Zentrum Arucas' fährt Linie
206 nach Las Palmas, Linie 215 in die
Nachbarstadt Teror.

Teror 📖 E 3

**Der wichtigste Wallfahrtsort der
Kanaren hat eine verkehrsberuhigte, schöne Altstadt. Erkunden Sie
diese beim Bummel über romantische Plätze und Promenaden!**

Residenz der Kiefernjungfrau

In der Mitte des Städtchens liegt die Plaza
del Pino, die sich mit Kopfsteinpflaster,
einer Riesenkiefer und Herrenhäusern
romantisch präsentiert. Mittendrin steht
die wuchtige **Basilica de Nuestra
Señora del Pino** 🔳, die ›Kirche Unserer
Frau von der Kiefer‹, um die sich alles in
diesem Ort dreht (▶ S. 88). Zwei weitere Gebäude am Platz haben gleichfalls
mit der Kiefernjungfrau zu tun: Das Haus
schräg gegenüber dem Kirchenhauptpor-
tal öffnet als **Museo de los Patronos
de la Virgen** 🔳 und zeigt feudale
Wohnkultur anno dazumal (Plaza del Pino
3, Mo–Fr 11–16, So 10–14 Uhr, 3 €). Der
lang gestreckte ehemalige Bischofspalast

*Rings um den Platz haben sich Terras-
sencafés postiert, gut für einen Imbiss
mit Blick auf die Basilika.*

hinter der Kirche beherbergt die **Casa de
Cultura** 🔳 mit schönem Innenhof und
Ausstellungssälen (Eintritt frei). Südlich
der Kirche befindet sich die **Plaza de
Sintes,** ein weitläufiger Platz, der bei
hohen Festlichkeiten Tausende von Pilgern
aufnimmt. Das granitene, geometrisch
gestylte Auditorium an seinem Rand
wird für Konzerte genutzt. Bei so viel
geistlichem Eifer freut man sich über eine
weltliche Initiative: Der malerische Winkel
nordwestlich der Kirche heißt **Plaza
Teresa de Bolívar** 🔳 und erinnert an
die Frau des venezolanischen Befreiungs-
helden, deren Familie aus Teror stammte.
Aztekisch inspirierte Steinbänke und
Wandreliefs rings um einen Brunnen beschwören die engen kanarisch-amerika-
nischen Bande. Einen Bummel lohnt auch
die am Kirchplatz startende **Calle Real,**
die verkehrsberuhigte Hauptgeschäftsstraße, deren Häuser mit geschnitzten
Holzbalkonen geschmückt sind.

Schöne Terrasse
Tasca El Encuentro ❶
Auf dem Kirchplatz schmecken Brot mit
Aioli, Tapas und deftige Fleischgerichte.
Plaza 7, ☎ 928 61 37 86, Mo geschl., Gerichte
um 12 €

Landestypisch
Cafetería La Plaza ❷
Hier wird nur Spanisch gesprochen, der
Cortado Largo schmeckt bestens. Wer
draußen einen Platz findet, hat direkten
Blick auf die Kirche.
Plaza del Pino/Calle Manuel Henríquez 1, ☎ 928
61 38 44, ab 8 Uhr

Lokale Spezialitäten auf
dem Sonntagsmarkt
Mercado 🅸
Wer gern Lokales ausprobiert, sollte sich
zwei originelle Wurstsorten nicht ent-
gehen lassen: chorizo del Teror ist eine
pikante Streichwurst, morcilla de Teror
eine mit Mandeln, Rosinen und Zimt
angereicherte Delikatesse sind auch die
Mandelspezialitäten, die die Nonnen
des Dominikaner- und Zisterzienserklos-
ters auf dem Markt anbieten.
Mercadillo de Teror, So 9–14 Uhr

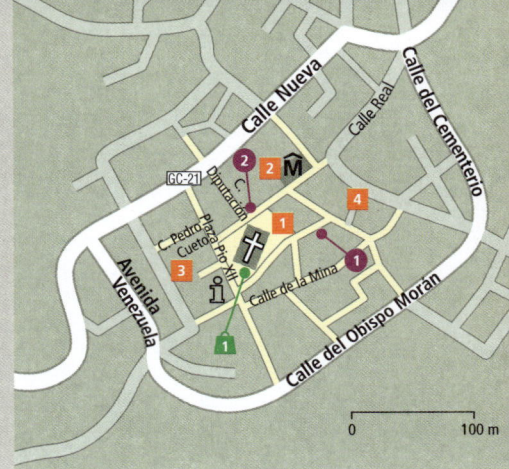

TEROR

Sehenswert

1 Basilica de Nuestra Señora del Pino
2 Museo de los Patronos de la Virgen
3 Casa de Cultura
4 Plaza Teresa de Bolívar

Satt & glücklich

1 Tasca El Encuentro
2 Cafetería La Plaza

Stöbern & entdecken

Mercado

● Infos

Im Internet: www.teror.es
Bus: Vom Terminal am Eingang zur Altstadt fahren stdl. Busse (216, 220) nach Las Palmas.

··

IN DER UMGEBUNG

··

Feudalsitz, revitalisiert für alle – Finca de Osorio

Etwa 1,5 km nördlich von Teror an der GC-43 nach Arucas befindet sich nahe einem Kloster der Zugang zur **Finca de Osorio,** einem öffentlichen Park mit Gutshof, der sich auch sehr gut als Picknickplatz eignet (Besuch offiziell nur nach Voranmeldung T 928 219 229, tgl. 9–17 Uhr)! Sofern Sie mit dem Auto gekommen sind, können Sie es am Eingang stehen lassen und schnurstracks 400 m zum Herrenhaus laufen; Sie können aber auch den romantischen Park im Rahmen einer 3 km langen Kurztour erkunden: der Fußgängerpiste bis zur Gabelung folgen und dort links in die Kastanienallee einbiegen. Am Parque de la Fuente (›Park der Quelle‹) geht es links weiter zu ein paar Gebäuden. Eines davon ist die Casa Pinto, von der ein Weg abwärts zum Herrenhaus führt. Der ehemalige Gutshof eines Großgrundbesitzers ist heute eine Aula de Naturaleza: Workshops, Vorträge und Ausstellungen zum Thema Natur und Umweltschutz finden hier statt.

Vega de San Mateo 🗺 E/F 4

Beim großen Sonntagsmarkt merken Sie, dass San Mateo ein Landwirtschaftszentrum ist: Bauern verkaufen Obst und Gemüse, Käse und (Bio-)Fleisch, Kräuter und Blumen.

›Aue des hl. Matthäus‹

Kein ländliches, sondern urbanes Ambiente strahlt die Durchgangsstraße aus, an der sich Bars, Cafés und Lokale reihen. Modern präsentiert sich auch die große Markthalle. Doch in den Gassen rings um den Kirchplatz lebt noch das San Mateo von einst. Und auf den Auen (vega) Richtung Gebirgszentrum, denen der Ort seinen Namen verdankt, stehen Kühe auf der Weide.

⌂ Gut versteckt Las Calas

Benannt ist es nach den orchideenartigen calas (Kallas), die hier in Hülle und Fülle wachsen: Das Landhotel 2 km oberhalb von San Mateo in einem Gutshof anno 1800 besteht aus neun rustikalen Zimmern, die sich um einen kleinen Orangen-Garten gruppieren. Die übrigen Gäste trifft man unter der Pergola am Pool, im Kamin- und Musikzimmer sowie im Restaurant beim

Bei der Kiefernjung-
frau – **in Teror**

Auf einem stimmungsvollen Platz steht eine Basilika, darin thront Gran Canarias bleichgesichtige Schutzpatronin. Ihr zu Ehren blüht nicht nur der Devotionalienhandel, sondern auch das kulinarische Geschäft: Auf dem Sonntagsmarkt verkaufen Nonnen hausgemachte Mandelplätzchen und pikante Paprikawurst – garantiert mit geistlichem Segen.

In Teror dreht sich alles um die Kiefernjungfrau: Alljährlich am 8. September steht sie im Mittelpunkt des wichtigsten Inselfestes, zu dem Tausende von Pilgern anreisen. Noch gigantischer ist die alle acht Jahre stattfindende Bajada de la Virgen (2024), der Abstieg der Jungfrau nach Las Palmas. Die restliche Zeit residiert sie in einem Schrein am Hauptaltar, hoch über den Gläubigen, die Stoßgebete an sie richten.

Wunder zur rechten Zeit

Es geschah am 8. September 1481 – die Conquista war noch in vollem Gange, als die Spanier so herbe Rückschläge einstecken mussten, dass sie das Festland um Verstärkung bitten mussten. Während sie auf frische Truppen warteten, blieb die Jungfrau Maria nicht untätig. Sie postierte sich in den Zweigen eines Kiefernbaums und erschien altkanarischen Hirten. Dabei umgab sie sich mit so viel überirdischem Glanz, dass die Hirten geblendet auf die Knie fielen. Kaum hatten sie sich gefasst, liefen sie ins feindliche Lager über und ließen sich von dem

Nicht nur zur großen Wallfahrt, auch beim Sonntagsmarkt blüht das Geschäft mit Devotionalien: Jesus, Maria und den Papst gibt es in Dutzenden Varianten.

im Tross der Eroberer mitgereisten Geistlichen taufen. Kurz darauf wurde Bischof Juan Frías aktiv, den der Papst zum obersten Hirten des noch nicht eroberten Landes gekürt hatte. Weil er auf das Wort hergelaufener Heiden nichts gab, eilte er höchstpersönlich an den Ort der vermeintlichen Erscheinung. Prompt entdeckte er am Fuß der Kiefer einen Jaspis-Stein, in dem die Jungfrau vorsorglich ihren zierlichen Fußabdruck hinterlassen hatte. Nun hatte der Bischof einen stichhaltigen Beweis, erklärte Mariás Erscheinung zum Wunder und ließ neben der Kiefer eine Kapelle erbauen, darin – stellvertretend für die wirkliche Maria – ihre in Holz geschnitzte Figur. Fortan berichteten Gläubige, sie seien just hier von Krankheiten genesen: Blinde wurden sehend, Stumme begannen zu sprechen und Lahme konnten wieder gehen. Viele vermachten der Jungfrau alles, was sie besaßen, sodass es nicht lange dauerte, bis sie zur reichsten Frau der Insel aufrückte. 1929 erhielt sie vom spanischen König den Rang eines Capitán General – seitdem kann ihr auch das Militär standesgemäß Respekt zollen.

D DIEBE

Der Reichtum der Jungfrau rief Diebe auf den Plan. 1975 brachen sie die Schatzkammer auf und nahmen alles, was nicht niet- und nagelfest war – Schätze, die Pilger im Lauf von 500 Jahren gespendet hatten! Nie wurden die Diebe gefasst …

Gran Canarias schönste Kirche

1760 wurde der Kiefernjungfrau ein standesgemäßes Domizil errichtet: die **Basilica de Nuestra Señora del Pino** 1. Steinsäulen gliedern die drei Schiffe, die Vierung wird von einer luftigen Kuppel überwölbt. Ihr Licht fällt auf den Hauptaltar mit der glamourösen Madonna. Die Figur, von einem sevillanischen Meister im 16. Jh. geschaffen, ist nur an Feiertagen im Hauptschiff zu sehen, ansonsten steht sie in der Altarkapelle (Zugang über die Rückseite der Kirche). Einzig Gesicht und Hände der Frau sind sichtbar, der Rest ihres Körpers ist von kostbaren Gewändern verhüllt. Der älteste Umhang stammt aus dem Jahr 1785 und trägt den Namen ›Manto de los Pinos‹ (Umhang von den Kiefern).

INFOS/ÖFFNUNGSZEITEN
Basilica de Nuestra Señora del Pino
1: Plaza del Pino s/n, www.basilicadel pino.es, Mo–Fr 9–13 u. 15.30–19.45,

Sa 9–20, So 7.30–19.30 Uhr, Eintritt frei; Schatzkammer (Camerín de la Virgen): Mo–Fr 13–15, Sa/So 10–15 Uhr, 1,50 €

Faltplan: E 3 | Cityplan: S. 87

Auch in Zeiten von Facebook & Co. bleibt der Markt in Vega de San Mateo ein wichtiger Treffpunkt und eine Nachrichtenbörse.

üppigen Frühstück bzw. Abendmenü. Da das Haus auf gut 1000 m Höhe liegt, kann es im Winter kühl werden (die Zimmer haben Heizung).
El Arenal 36, La Lechuza, T 928 66 14 36, www. hotelrurallascalas.com, DZ ab 85 €

🍴 **Fastfood-Mexikaner**
La Esquinita
Im Lokal an San Mateos Durchgangsstraße gibt es Burritos, Enchiladas und weitere mexikanische Gerichte. Wer das nicht mag, wird mit Brathähnchen, Tapas und Sandwiches satt. Zum Frühstück gib's *churros con chocolate* (frittiertes Gebäck, das in heiße Schokolade getaucht wird).
Av. de Tinamar s/n, T 928 66 13 89, tgl. 7–23 Uhr

🛒 **Großer Markt**
Mercadillo del Agricultor
Bauern von der Insel verkaufen Käse und Milch, Schinkenkeulen und Würste, Honig und Marmelade, frische und getrocknete Kräuter, Schnaps, Wein und vieles mehr. Eine Kapelle spielt auf und nicht selten wird das Tanzbein geschwungen
Sa, So 9–14 Uhr

ℹ️ **Infos und Verkehr**
Información Turística: Calle Doctor Ramírez Cabrera 9, T 928 66 13 50, www.sanmateoturistico.es, Mi–So 10–14 Uhr
Bus: Vom zentralen Busbahnhof *(estación de guaguas)* fährt Linie 303 nach Las Palmas, 214 nach Teror und die Linie 18 quer durchs Inselzentrum nach Tejeda und Maspalomas.

Santa Brígida 🗺 F 3

Der Gemeindeort, der sich mit villenartigen Residenzen viele Kilometer längs der GC-15 hinzieht, ist aufgrund seiner subtropischen Vegetation seit jeher ein beliebtes Domizil der Begüterten.

Wohlstandsoase
Schmuck restauriert ist das historische Zentrum (bei Km. 4): Die Kirche **Iglesia Parroquial** thront auf einem Felssporn über einem grünen Tal, ringsum kopfsteingepflasterte, verkehrsberuhigte Gassen mit ein paar Tascas. Gut essen und trinken können Sie auch in der **Casa del Vino** an der Durchgangsstraße: Der restaurierte Gutshof erinnert mit ein paar Schautafeln an die Geschichte des kanarischen Weinanbaus und hat viele Inseltropfen auf Lager (GC-15 Km. 3,9, T 928 64 42 72,

Mi–Fr 12–23, So 12–17 Uhr). Unterhalb der Casa del Vino liegt der große **Parque Agrícola del Guiniguada** – ein schöner Winkel mit Palmenhain, Obstbäumen und Mini-Zoo (Eintritt frei).

⌂ Traditionsreich
Santa Brígida
Der kanarischen Hotelfachschule untersteht das Viersternehaus, das aus Gran Canarias ältestem Hotel (1900) hervorgegangen ist und wegen seiner guten Küche geschätzt wird.
GC-15 Km. 0,4, T 828 01 04 00, www.hoteles cuelasantabrigida.com, DZ ab 110 €

⌂ Sehr persönlich
Villa del Monte
Eine bei Aktivurlaubern, v. a. Bikern, beliebte Adresse ist die von Petra Wonisch engagiert geführte Villa: In ihrem Haus gibt es suiteartige Zimmer mit Himmelbett, einen Pool-Garten, ein opulentes Langschläfer-Frühstück und auf Wunsch Dinner bei Kerzenschein.
GC-15 Km. 4,2 (Castaño Bajo 9), T 928 64 43 89, www.villadelmontegrancanaria.com, DZ ab 100 €

◍ Eigener Wein
Martell
Wer von Santa Brígida auf der GC-15 Richtung Las Palmas fährt, findet 4 km südlich dieses gemütliche, traditionsreiche Lokal. Zu feinem Fleisch wird herber Monte-Rotwein aus eigenem Anbau kredenzt.
GC-15 Km. 8,3, T 928 64 12 83, www.casamartell.es, tgl. 12–17, 20–24 Uhr (Sept. geschl.), um 20 €

Tafira & Bandama

🗺 G 3

Knapp oberhalb der Hauptstadt, wo der Nordostpassat für Frische und viel Grün sorgt, haben sich schon im 19. Jh. reiche Briten angesiedelt. Heute ist die Gegend der Speckgürtel von Las Palmas, wo wohlhabende Städter ihre Sommerresidenz haben. Auch

der moderne Campus der 1990 gegründeten grancanarischen Universität hat hier seinen Sitz. Für Besucher ist vor allem der 27 ha große Jardín Canario interessant – der Besuch ist zu jeder Jahreszeit zu empfehlen!

Spaniens größter Botanischer Garten
Jardín Canario
In einer großen, feuchten Schlucht wachsen alle Endemiten des Archipels, d. h. Pflanzen, die es nur auf den Atlantikinseln, nirgends sonst auf der Welt gibt; auch viele vom Aussterben bedrohte Arten sind darunter. Alle ›Klassiker‹ wurden in artgerechter Umgebung gepflanzt: Drachenbäume, deren ›Blut‹ die Altkanarier für Heilzwecke anzapften, gedeihen zusammen mit Kanarischen Palmen an einem sonnigen Hang; etwas erhöht finden Sie die Kanarische Kiefer, die mit ihren langen Nadeln Wolken ›kämmt‹. Im feuchten Talgrund kauern Lorbeerbäume mit immergrünen Lederblättern. Sie finden auch die ganze Palette der Euphorbien vom kaktusartigen Wolfsmilchgewächs bis zum zartblättrigen Juba-Strauch, dazu meterhohe Natternköpfe, die im Sommer um die Wette blühen, Kletter- und Rankenpflanzen, Glockenblume und Teide-Veilchen. Die Felswände sind mit Aeonium-Rosetten bedeckt.
Oberer Eingang GC-110, zwischen Km. 1 u. 2; unterer Eingang GC-310, T 928 21 95 80, www.jardincanario.org, tgl. 9–18 Uhr, Eintritt geplant

⌂ Spektakuläre Lage
Bandama Golf Hotel
Am Fuß des Bandama-Kegels, wenige Schritte von der Abbruchkante zum Krater und vor den Rasenteppichen von Spaniens ältestem Golfplatz (1891): Das Komforthaus wird gern von Spielern des benachbarten Golfplatzes genutzt, steht aber seit 2018 nicht mehr unter Daniels freundlicher Leitung. Es bietet 33 Zimmer mit Bergblick und kleinem Pool. Ein Mietwagen ist dringend zu empfehlen.
Ctra. de Bandama s/n, T 928 35 15 38, ww.bandamagolfhotel.com, DZ ab 80 €

 # 12

Wein und Vulkan – rund um Bandama

Selten kann man in einen so großen Krater hinabsteigen und ihn in der Tiefe umrunden. Danach haben Sie sich eine Stärkung verdient: In mehreren Bodegas bekommen Sie guten Wein, herangereift auf den Flanken der Vulkane.

Gran Canaria ist eine Vulkaninsel, geschaffen von einem Magmaherd tief im Atlantikboden, der periodisch ausbrach und Lava spie. Vor 13,8 Mio. Jahren wuchsen die Lavamassen über die Meeresoberfläche hinaus, sodass sie als Insel sichtbar wurden. Danach vollbrachten Wasser und Wind ihre Wühl- und Zersetzungsarbeit, indem sie ins Vulkangestein tiefe Schluchten schnitten. Unterbrochen wurde dieser Erosionsprozess durch immer neue Vulkaneruptionen. Eine der letzten ereignete sich vor 1800 Jahren – das Resultat sind der Kegel und Krater von Bandama, die – geologisch gesehen – noch so jung sind, dass sie sich in klassischer Lehrbuch-Form präsentieren.

Spirale um den Kegel

Auf einer sich spiralförmig um den Vulkankegel windenden Straße können Sie zum 570 m hohen Gipfel des **Pico de Bandama** `1` hinauffahren und sich von oben einen Überblick über den zersiedelten Norden und Osten der Insel verschaffen.

Abstieg in den Krater

Noch spannender aber ist es, in den 220 m tiefen Krater, die **Caldera de Bandama**, hinabzusteigen – mit knapp 1 km Durchmesser zählt er zu den größeren der Welt. Vom Bushäuschen im Weiler **Casas de Bandama** `2` gehen Sie – durch die Hausgruppe hindurch – zu einem rustikalen Aussichtsbalkon, von dem sich ein erster Tiefblick in den Krater bietet. Der Weg (Camino al fondo) startet neben der Aussichtsterrasse: Über schwarzen Lavagrus steigen Sie hinab, wobei Sie bei jedem Schritt etwas einsinken. Wenn Sie nach gut 30 Min. den **Kratergrund** `3` erreichen, gabelt sich der Weg. Wir halten uns links, gehen an der Ruine einer Finca und einer al-

Kraterrand trifft auf Golfplatz – herrliche Drachenbäume markieren die Grenze zwischen wilder und gezähmter Natur.

ten Weinpresse vorbei zum Nachbarhaus. Der Weg führt rechts am Haus vorbei und anschließend im Uhrzeigersinn um den Kraterrand – immer wieder ergeben sich neue Perspektiven auf zerklüftete Steilwände und Höhlen, dazwischen aufgelassene, von Wildpflanzen überwucherte Terrassenfelder. Nach 45 Min. stehen Sie wieder an der Gabelung, an der die Umrundung begann und müssen nun über bröckeligen Grus mühsam hinaufsteigen.

Bodega-Trip

So trocken der Lavagrus erscheinen mag, so ist er doch fruchtbar. Dicht am Boden kriechen Weinreben die Vulkanhänge hinauf – und dies seit über 500 Jahren. Aus einheimischen Reben wie Negramoll, Gual und Malvasía wird Rot- und Weißwein gekeltert, der das begehrte staatliche Gütesiegel ›Denominacion de Origen‹ erhält. Gut ein Dutzend Bodegas rund um Bandama bieten Wein – achten Sie auf das Schild ›Venta de Vino‹! Direkt am Eingang zum Krater können Sie in der **Bodega Hoyos de Bandama** ❶ Weine kosten und kaufen. Für ein gutes Mahl empfiehlt sich der benachbarte **Bodegón de Vandama** ❷: Auf der Gartenterrasse mit Blick auf den Vulkan genießen Sie Fleisch vom Grill, dazu ausgezeichnete hauseigene Tropfen.

Ü ÜBRIGENS

Sie können den Krater auch an seinem oberen Rand umrunden (1 Std.). Folgen Sie vom Bushäuschen in **Casas de Bandama** dem markierten Weg ›Camino borde de la Caldera‹.

INFOS
Die Tour ist mit dem Auto, ab Las Palmas auch mit Bus 311 machbar; für die Wanderung hin und zurück benötigt man ca. 2 Std.
Achtung: Der Zugang zur Aussichtsterrasse am Eingang zum Krater wird um 17.30 Uhr geschlossen!

KULINARISCHES FÜR ZWISCHENDRIN
Bodega Hoyos de Bandama ❶:
Camino a la Caldera 36, T 630 47 27 53, www.bodegahoyosdebandama.com, Degustation und Verkauf Mo–So 10–14, Sa bis 17 Uhr
Bodegón de Vandama ❷: Bandama, GC-802 Km. 2.4, T 928 35 27 54, www.

bodegonvandama.com, Mi–Sa 13–16 und 20–24, So 13–17.30 Uhr, um 20 €

Faltplan: G 3

Das Zentrum

Die Felsarena in der Inselmitte wird von zerklüfteten Wänden eingerahmt, hier und da ragen verwitterte Giganten auf. Darüber spannt sich ein blauer, von kaum einer Wolke getrübter Himmel. Und wenn es doch einmal regnet, explodiert die Vegetation – von wegen karge Vulkanerde! Und im Sommer erblüht roter Mohn ... Rund um Tejeda entdeckt man die dramatischsten Berglandschaften. Nicht umsonst hat die UNESCO dieses Gebiet zum Biosphärenreservat erklärt.

Artenara 🗺 D 4

›Zwischen Felsen versteckt‹ (artenaran): So nannten die Altkanarier das Dorf in 1270 m Höhe. Großartig ist seine Lage an der Abbruchkante zur Caldera, über die hinweg Ihr Blick bis zu den Felstürmen auf der gegenüberliegenden Kesselwand reicht.

Panorama, Panorama

Spazieren Sie vom verkehrsberuhigten Kirchplatz auf der Straße Párroco Domingo Báez auf – am Terrassenrestaurant La Esquina vorbei – zu einem kuriosen Aussichtspunkt. Hier steht in Bronze gegossen und lebensgroß Miguel de Unamuno. Dem spanischen Schriftsteller hat es Artenaras Bergpanorama so sehr angetan, dass er schrieb, er glaube »ein versteinertes Gewitter« vor sich zu haben. Dieser Satz gefiel wiederum den Dorfbewohnern so gut, dass sie dem Dichter zu Ehren dieses Denkmal errichteten. Von hier kann er in alle Ewigkeit ›seinen‹ Blick genießen: Zur Linken der ›Schneegipfel‹ und der ›Wolkenfels‹, gegenüber der Roque Bentayga, zur Rechten – platt wie ein Tisch – der Tafelberg Vega de Acusa und dahinter der Altavista.

Höhlendorf

Doch Artenara bietet nicht nur fantastische Ausblicke, sondern auch viele Höhlen. Seit prähispanischer Zeit sind sie Artenaras bevorzugte Wohnstätten, wärmend im Winter und kühlend im Sommer. Folgen Sie vom Mirador de Unamuno der Straße ein Stück weiter, kommen Sie zum **Museo Etnográfico Casas Cuevas**, einem liebevoll eingerichteten Höhlenhaus (tgl. 11.30–16.30 Uhr). Hier können Sie nachvollziehen, warum sich die Dorfbewohner in ihren Höhlen so wohlfühlen!
Steigen Sie dagegen von der Pfarrkirche auf dem Camino de la Cuevita bergauf, kommen Sie zur Höhlenkapelle **La Cuevita**: Altar, Beichtstuhl, Bänke – alles wurde aus dem Fels geschlagen!

Von der Küste hinauf ins Bergdorf Tejeda – eine echte Ochsentour, die nur konditionsstarke Radfahrer meistern!

Spaß macht auch der Spaziergang in entgegengesetzter Richtung auf Artenaras Hausberg, leicht erkennbar an der Christusfigur auf seinem Gipfel: Der Camino de la Cilla führt Sie zu einem Tunnel, an dessen Ende das Lokal **La Cilla** einen spektakulären Blick eröffnet: direkt unter einem Felsüberhang, der ideale Ort für ein Getränk! Unterhalb des Camino de la Cilla ist die Eröffnung eines Höhlenmuseums mit der Replik der Felshöhle Risco Caído geplant.

🍴 Mit Liebe gemacht
Bio Tasca

Ob Käse-Snack mit Inselwein oder hausgemachte Torten, deftiges kanarisches Fleisch oder ein veganes Menü: Hier werden alle glücklich! Auch wer nur auf eine Tasse heiße Schokolade vorbeikommt, ist willkommen!
Plaza de Matías Vega 2, T 660 15 04 87, Facebook: restaurantebiotascagastrocueva, tgl. ab 9 Uhr, ab 4 €

🛍 Hübscher Laden & Gastro-Cueva
Arte Gaia

In einer urigen Höhle verkauft Juana Honig und exotische Marmeladen, Weine, Schnäpse und Liköre sowie Kunsthandwerk von Keramik bis Schmuck – alles stammt von der Insel!

Camino de La Cilla 17, T 928 37 31 81, tgl. ab 11 Uhr

❶ Infos und Termine
Bus: Linie 220 fährt mehrmals tgl. nach Teror mit Anschluss nach Las Palmas.
La Virgen de La Cuevita: Ende Aug. Am vorletzten Sonntag des Monats wird in Artenara die Höhlenjungfrau durchs Dorf getragen; danach zeigen Folklore-Gruppen ihr Können.

Tejeda 🗺 D 4

Das Dorf krallt sich terrassenförmig an den Hang, sodass sich von allen Etagen Bergblicke eröffnen. Doch nicht nur die Lage, auch sein ›Styling‹ ist vom Feinsten – nicht umsonst wurde es zu ›einem der schönsten Dörfer Spaniens‹ gekürt.

EU-gesponsert
Dank EU-Geldern wurden Gehwege steingepflastert und durch Holzbalustraden gesichert; alle Lokale stellen unter blütenweißen Sonnenschirmen Holztische auf – kein Werbebanner weit und breit! So klein das Dorf auch ist, es hat drei Museen: Nahe der Ortskirche zeigt das **Museo de Abraham Cardenes** expressionistische Skulpturen des in Tejeda geborenen Bildhauers (Calle Leocadio Cabrera 2, Mo geschl., Eintritt frei). Während das **Museo de las Tradiciones** multimedial in die Geschichte der abgelegenen Bergregion einführt (Calle Párroco Rodríguez Vega 6, 2019 renoviert), setzt das **Centro de Plantas Medicinales** auf traditionelle Anschaulichkeit: Eine originale Apotheke aus dem 19. Jh., Schautafeln und ein Kräutergarten zeigen, welche (Heil-)Kraft in Pflanzen steckt. Sie können vor Ort einen heißen Tee (span. *infusión*) trinken und getrocknete Pflanzen aus der Bergregion kaufen (Calle Párroco Rodríguez Vega 10, Mo geschl., 3 €).

🏠 Behaglich-ländlich
Fonda de la Tea
Das kleine Hotel in einem hundertjährigen, restaurierten Gasthof wartet auf mit

Ein Aufschrei ging durch die Lokalpresse, als Spaniens Umweltministerium Gran Canarias Mandel als ›invasive Art‹ ausmachte und deren Vernichtung (!) auf der Insel verfügte. Ca. 200 000 Mandelbäume bringen der Insel eine Ernte von 1 Mio. Früchten, die – laut Rosa María Medina, der Besitzerin der Dulcería del Nublo in Tejeda – »zwar kleiner als die aus Kalifornien oder vom spanischen Festland sind, dafür aber mehr Öle enthalten und geschmackvoller sind«. Dem Protest vieler Canarios ist es zu verdanken, dass die Mandel (vorerst) auf der Insel bleiben darf.

zwölf Zimmern im Landhausstil (Sat-TV, Heizung), einem gemütlichen Kaminraum und einem rustikalem Restaurant. Die Besitzerin kann zusätzlich vier im Ort gelegene Apartments und ein Ferienhaus anbieten.
Calle Ezequiel Sánchez 22, T 928 66 64 22, http://hotelfondadelatea.com, DZ 110, Ap. ab 70 €

🏠 Familientauglich
Gayfa
Von außen sichtbar ist nur das Lokal (mit Marias guter Hausmannskost!), doch Gayfa verfügt auch über mehrere Doppelzimmer und große Apartments in einem benachbarten Haus. Im Winter kann es kühl werden.
Cruz Blanca 34, T 928 66 62 30, Ap. ab 35 €

❶ Küche und Atelier
Casa del Caminero
Armando Gil bewirtet in seinem kleinen Atelier Gäste mit Salaten, Eintopf, Käse und Schinken, Kaninchen- und Ziegenfleisch. Die Wände sind mit seinen Bildern tapeziert!
Calle Ezequiel Sánchez 6, T 928 66 66 09, Mi–So 12–20 Uhr (Mai–Sept. geschl.), Gerichte ab 8 €

13

Blick über die Insel –
von Cruz de Tejeda
nach Tejeda

Im Zentrum erleben Sie die Insel von der allerschönsten Seite: Ein Panoramaweg führt hier im Halbkreis um einen gigantischen Erosionskrater, dann durch Mandelbaumwäldchen und Kiefernhaine hinab zu einem malerischen Bergdorf. Auch wer nicht die Wanderung macht, sondern mit dem Auto oder Bus unterwegs ist, wird die Gebirgslandschaft genießen!

Cruz de Tejeda

Am 1509 m hohen Pass scheidet sich alles: das Wetter, die Landschaft und auch die Gäste. Oft trennen nur wenige Hundert Meter das Wolkenmeer des Nordens von der ›ewigen Sonne‹ des Südens, wobei Sie just hier beobachten können, wie die Wolken wasserfallartig über den zentralen Kamm schwappen. Am archaischen Steinkreuz (span. *cruz*) münden aus allen Himmelsrichtungen Straßen ein. Aus dem Norden kommen meist die Einheimischen, aus dem Süden die Besucher. Cruz de Tejeda besteht aus ein paar Lokalen und Souvenirständen; Wanderer können in zwei Hotels übernachten. Besonders schön

Zwischen ›Frosch‹, ›Mönch‹ und ›Wolkenfels‹ überkommt manch einen Wanderer ein Freudentaumel ...

ist der Parador, ein staatliches Vorzeigehotel für ›sanften Tourismus‹ anno 1936: mit weißen Natursteinmauern, von Türmchen überragt, sowie Aussichtsterrassen. Auch wenn Sie nicht übernachten wollen, empfiehlt es sich, einzutreten und den Terrassenblick zu genießen (mit Café)!

Höllen-Vision

Grandios ist der Blick in den Erosionskrater: »All diese schwarzen Mauern der großen Caldera mit Graten wie Festungszinnen und senkrecht aufragenden Felstürmen erscheinen wie Dantes Höllen-Vision...« (Miguel de Unamuno). Der Krater entstand nicht durch Vulkanausbrüche, sondern infolge des Einsturzes mehrerer Urvulkane, deren Gipfel über den entleerten Magmakammern einbrachen. In Jahrmillionen spülte Regenwasser die Trümmer fort – nur Vulkanschlote aus hartem Basalt widerstanden der Wühlarbeit und überragen den Kessel als verwitterte Greise. Es gibt nichts Schöneres, als den Anblick der Caldera aus unterschiedlicher Perspektive zu genießen.

Ein Wanderweg, der mit 5 Std. zwar lang, aber markiert ist, startet in Cruz de Tejeda. Wem das zu viel ist, der läuft, so weit die Füße tragen, und kehrt von beliebiger Stelle zum Ausgangspunkt zurück. Ein Schild (S-50 grün markiert) gegenüber dem Steinkreuz von **Cruz de Tejeda** 1, neben dem Lokal Asador de Yolanda, weist den Einstieg zum Weg. Nach wenigen Minuten Aufstieg – ein Rechtsabzweig wird ignoriert – führt er an einer Steinmauer entlang. Rechts ein erster fantastischer Blick über die Berge! Etwas später führt der Weg links an einem Haus vorbei, das sich ein zivilisationsmüder Architekt baute, und weitet sich zu einer Piste, die wir sogleich nach rechts verlassen.

Sogleich senkt sich der Weg zur GC-150 hinab, neben der es rechts weitergeht. An einem Haus setzt sich der Weg fort und mündet am Pass **Degollada Hoya de Becerra** 2 wieder in die Straße. So großartig der Ausblick bisher auch war, hier wird er noch einmal getoppt: Auf dem gegenüberliegenden Caldera-Hang sieht man eine Gesteinsprozession aus **Frosch, Mönch und Wolkenfels**, die oberhalb eines Abgrunds ›dahinschreitet‹. Theoretisch sollte ein kleines Besucherzentrum öffnen,

WOLKENFALL

Wie kommt der markante Wolkenfall zustande? Der Nordostpassat reichert sich über den Atlantik mit viel Feuchtigkeit an, die an den Bergen Gran Canarias zu Wolken kondensiert. Diese stauen sich zwischen 500 und 1500 m Höhe zu Bänken, die durch die darüberliegende, warm-trockene Luft am weiteren Aufsteigen gehindert werden. **Thermische Inversion** nennt man das paradoxe Phänomen, dass in größerer Höhe die Luft wärmer ist als weiter unten. Der Pass bildet eine Bresche im Kamm, die es den Wolken erlaubt durchzuschlüpfen – doch nur, um in der Wärme des Südens aufgerieben zu werden ... Für den Wasserhaushalt sind die Wolken ein Segen: von Bäumen ›gemolken‹, rieseln sie als ›horizontaler Regen‹ herab.

das über Vulkanismus und die Entstehung der Caldera informiert – meist ist es geschlossen. Am Rand der Aussichtsplattform setzt sich der Weg fort und windet sich einen kleinen, kiefernbestandenen Hügel empor. Wenig später mündet er an einem Pass in einen quer verlaufenden Weg. Wir halten uns links (wer die Tour abkürzen will, steigt rechts nach La Culata hinab) und schwenken kurz vor Erreichen der Straße nach rechts in den nach Llanos de la Pez ausgeschilderten Weg ein. Auf der nächsten Strecke geht es wieder bergauf – der konstante Panoramablick entschädigt für die Anstrengung. Eine Steintreppe bringt uns zu einer Gabelung, an der es rechts weitergeht, nun am Zaun einer Finca entlang. Bald tritt der Weg in lichten Kiefernwald ein und quert zwei Zufahrtspisten zur Campingfläche **Corral de los Juncos** 3. Schließlich mündet er in eine breite Piste, die uns

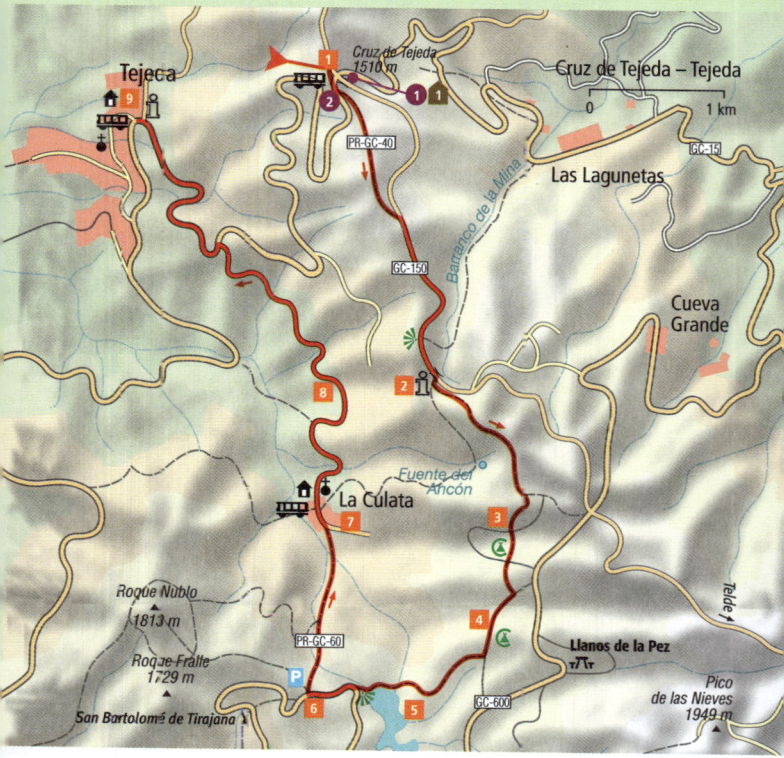

rechts am Zaun des **Campamento Llanos del Garañón** 4 vorbeiführt. Statt uns links seinem Eingang zuzuwenden, gehen wir rechts weiter und steigen nach 150 m über einen Treppenweg zum Stausee **Presa de los Hornos** 5 hinab, den wir auf der Steinmauer queren. Nun geht es zur GC-600 hinauf und 400 m nach rechts zum Parkplatz, an dem die Tour zum Roque Nublo startet (▶ S. 106). Am runden Steinplateau, das **La Goleta** 6 genannt wird, steigen wir rechts mit dem anfangs steingepflasterten Weg durch eine dramatische Seitenschlucht nach La Culata hinab – immer im Schatten des Roque Nublo. Alle Abzweigungen nach links ignorierend, stoßen wir auf eine Betonpiste, die wir sofort nach links auf dem alten steingepflasterten Weg verlassen, um zur Dorfbar von **La Culata** 7 zu kommen. Nach einer Stärkung folgen wir der Straße – an der Kirche vorbei – 15 Min. bis zur **Finca Gran Chaparral** 8, wo wir den Asphalt nach links auf einem steingepflasterten Weg verlassen. Kurz darauf berührt er eine Piste, um sich 30 m weiter rechts von ihr fortzusetzen – wenig später wiederholt sich das Procedere. An der Gabelung nach weiterem fünfminütigen Abstieg halten wir uns links, schwenken kurz danach nach rechts und queren das Barranco-Bett. Dichtes Schilf begleitet uns, bevor wir das Bett nochmals queren und schließlich auf der GC-60 stehen: Auf ihr kommen wir in 15 Min. ins Zentrum von **Tejeda** 9.

Wenn sich Ende Januar/ Anfang Februar die Blüten der Mandelbäume öffnen, ist die Landschaft weiß-rosa durchflirrt – ein guter Grund, die Mandelblüte mit einer Fiesta zu ehren.

INFOS

Aufgrund der Länge und Höhenunterschiede ist die ganze Wanderung (5 Std.) nur konditionsstarken Wanderern zu empfehlen.
Cruz de Tejeda ist ab der Hauptstadt Las Palmas mit dem Bus via San Mateo erreichbar, ab Costa Canaria mit Bus 18/305 (Fahrtdauer je 2 Std.).
In Tejeda besteht die Möglichkeit, ganz bequem mit dem Bus (oder Taxi) zum Ausgangspunkt der Tour in Cruz de Tejeda bzw. nach Las Palmas oder zur Costa Canaria zurückzufahren.

KULINARISCHES FÜR ZWISCHENDRIN

2018 wurde der staatliche **Parador** 1 wieder eröffnet (Restaurant um 25 €, preiswerter die Cafetería mit Bergblick). Übernachten können Sie auch gegenüber im **Hotel El Refugio** 1, am besten essen im **Asador de Yolanda** 2 mit Außenterrasse. Außer Grillfleisch gibt es herzhafte Eintöpfe, begehrt ist das Solomillo Nublo, zartes Filet in Pilzsoße. Viele Gäste kommen nur auf ein Glas Wein oder eine Tasse Kaffee vorbei (T 928 66 62 76, www.asadoryolanda. com, tgl. ab 9 Uhr, um 15 €).

🍂 Mandelspezialitäten
Dulcería del Nublo
Makronen und Mandelkuchen, Marzipan und Mandelplätzchen, Bienmesabe (eine Creme aus Mandeln, Honig und Zitrone) im Glas und in Schoko getaucht, Baisers, Kekse und vieles mehr – alles im schmucken Laden appetitlich arrangiert.
Calle Dr. Hernández Guerra 15

❶ Infos und Termine
Información Turística: Neben der Tankstelle an der GC-60 (süd. Ortsausgang), www.tejeda.eu/turismo, So geschl.
Fiesta del Almendro en Flor: Mitte Feb. Beim Mandelblütenfest gibt es Mandel-Kulinaria und eine Kunsthandwerksmesse, viel Tanz und Musik.

················ IN DER UMGEBUNG ················

**Aussichtsreicher Pass
und Wetterscheide**
In Cruz de Tejeda (▶ S. 93) können Sie wandern oder auch nur das Panorama genießen.

Altkanarischer Kultberg
Der Aufstieg zum Roque Bentayga (▶ S. 104) ist steil – die Eindrücke sind überwältigend.

San Bartolomé de Tirajana (›Tunte‹)

📖 E 5

Von diesem Bergdorf am Westrand des Tirajana-Kessels wird die Costa Canaria verwaltet. Davon freilich werden Sie nur wenig merken: Das Leben geht seinen bäuerlich-beschaulichen Gang.

›Tunte‹ hieß das Dorf bei den Ureinwohnern
Ein kleines **Ethno-Museum** unterhalb der schmucken Kirche erinnert an Traditionen anno dazumal – und zeigt, wie die Oberschicht vor ca. 200 Jahren lebte

(Casa Museo Yánez Plaza de Santiago s/n, Mo–Fr 9–14.30 Uhr; Eintritt frei, mit Touristeninfo). Wanderer, die sich im Ort einquartieren, können von hier zu großartigen Touren aufbrechen. Eine ideale Unterkunft ist das Viersternehotel Las Tirajana, das zu Gran Canarias besten Bergunterkünften zählt.

🏠 Genuss in den Bergen
Hotel Rural Las Tirajanas
Mit viel Naturstein, Holz und einer Prise Pomp erbauter ›Berghof‹. Er bietet fantastischen Talblick aus allen Perspektiven. Der Tag beginnt im aussichtsreichen Büfett-Restaurant und endet im Kaminraum mit Sternenblick. Es gibt einen schönen Außen- und Innen-Pool sowie einen höhlenartigen Spa-Bereich. Die Zimmer mit Balkon und Bergblick sind im Landhausstil eingerichtet (Sat-TV, Bademantel). Mit Tennisplatz, Bogenschießen, Radverleih. Übrigens können auch Tagesbesucher auf der Caféterrasse den wunderbaren Bergblick genießen!
Calle Oficial Mayor José Rubio s/n, T 928 12 30 00, www.hotelrurallastirajanas.com, DZ ab 140 €

❶ Infos
Información Turística: Casa Yánez, Plaza de Santiago s/n, T 928 12 71 20, Mo–Fr 9–14.30 Uhr, mit kleinem Souvenirladen
Bus: Linie 18 fährt via Fataga nach Maspalomas und via Ayacata nach Tejeda und San Mateo, Linie 34 via Santa Lucía nach Agüimes.

Santa Lucía 📖 E 6

Nicht viele Urlauber verirren sich in diesen Bergort. Dabei liegt er aussichtsreich am Ostrand des Tirajana-Kessels.

Romantischer Ortskern
Die meisten Urlauber stoppen am zentralen Platz unterhalb der Kirche anno 1899, die mit ihren Kuppeln an eine Moschee erinnert. Still und schön

sind die vom Platz abgehenden und Natursteinhäusern gesäumten Gassen oberhalb der GC-65 (z. B. Leopoldino Matos, Baldomero Argente, Callejón Vélez). Am nördlichen Ortsende (an der Straße nach San Bartolomé) lohnt ein Abstecher zur Finca de los Burros, wo eine kanarische Familie eine rustikale Oase geschaffen hat: mit Dutzenden von Eseln zum Streicheln und Reiten, Ziegen und Kaninchen sowie einem Lokal unter Orangenbäumen.

🏠 Im Palmenhain
La Casona del Olivar
Herrenhaus aus dem 16. Jh. im Palmenweiler unterhalb des Dorfes. Es verfügt über drei Apartments (je 60 m² mit Wohnraum, Schlafzimmer, Küche, Bad).
Ingenio de Santa Lucía, T 928 33 02 62, www.santaluciarural.com/elolivar, Ap. ab 90 € (Rabatt bei längerem Aufenthalt)

🍴 Mit tollem Blick
El Mirador
Im Lokal an der Straße nach San Bartolomé (Ortsausgang) schauen Sie durch Panoramafenster aufs weite Tal und genießen Traditionsküche (lecker: Ziegenfleisch, *cabra*). Flott geführt von Benedikt und seinen drei Brüdern.
GC-65, T 928 79 80 05, Tapa mit Wein um 8 €

🍴 Fast alles von der (Bio-)Finca
Finca de los Burros
Germán serviert ofenfrisches Brot mit Ziegenkäse und Oliven, deftiges Fleisch mit *papas arrugadas* und opulenten Salat. Dazu gibt es Wein vom Fass oder frisch gepressten O-Saft, hinterher hausgemachten *mistela*, einen milden Obstikör.
GC-65, Km. 5,1 (Abzweig Taidía), T 658 93 83 32, www.burrosafari.com, Di–So 10–16 Uhr, 10–15 € (inkl. Eselritt!)

ℹ️ Infos
Bus: Linie 34 fährt nach San Bartolomé bzw. in Richtung Küste (auf der Strecke Temisas–Agüimes–El Doctoral).
Santa Lucía: 13./14. Dez. Zu Ehren der hl. Lucía wird aus der schwedischen Partnerstadt eine ›Lichtkönigin‹ eingeflogen, die der Erntedankprozes-

Hinab zur Fortaleza

sion voranschreitet. Mit Viehmesse, Folklore-Festival und Verbrennung eines Taugenichts (Día del Haragán).

IN DER UMGEBUNG

Gewaltige Felsfestung
Knapp unterhalb von Santa Lucía führt ein Sträßchen Richtung Ingenio de Santa Lucía/Fortaleza. Folgen Sie anschließend der Abfahrt nach La Sorrueda, kommen Sie – vorbei am Friedhof – zur gewaltigen Felsfestung **La Fortaleza**, in der sich während der Conquista Altkanarier verschanzten. Über die Urbewohner informiert anschaulich und multimedial das Centro de Interpretación la Fortaleza ein Stück abwärts auf der GC-651, KM 1,9 (www.lafortaleza.es, Di–So 10–17 Uhr, 4 €, sehr empfehlenswert!). Auf dem Weg dorthin empfiehlt sich ein Stopp am Mirador de la Sorrueda mit Ausblick auf einen palmenbestandenen Stausee.

Romantisches Dorf
Seltsam, dass das Bilderbuchdorf **Temisas** (📖 F 6) unterhalb von Santa Lucía bisher nicht touristisch entdeckt wurde: Es hat Palmen und Olivenbäume, weiß gekalkte Häuser und einen schmucken Kirchplatz mit Bar. Hier schmecken der lokale Ziegenkäse und dazu pikant eingelegte Temisas-Oliven!

14

Altkanarischer Kultplatz – **am Roque Bentayga**

In der ›Höhle des Königs‹ residierte der altkanarische Herrscher. Auf einem luftigen Plateau hoch darüber bot er seinen Göttern Trankopfer dar. Bis heute hat der Platz seine Grandezza bewahrt – nirgends fühlt man sich Himmel und Erde näher als hier.

Was Macchu Picchu für Peru, ist der Roque Bentayga für Gran Canaria: eine markante Felsfestung, die sich aus der Tiefe zweier Schluchten erhebt und alle Grate ringsum überragt. Hierher zogen sich 1000 Altkanarier in der letzten Etappe der Conquista zurück, widerstanden einer 15-tägigen Belagerung und einem Angriff, den sie mit einer tödlichen Steinlawine konterten.

Einstieg im Besucherzentrum

Alle Wege führen zur Bergstraße GC-60. Bei Km. 6,3 zweigt ein Asphaltsträßchen ab, das sich sogleich gabelt: Links geht es mit der GC-671 in 1,6 km zum kleinen, mit Naturstein verkleideten **Besucherzentrum Roque Bentayga** 1 hinauf. Dort erfahren Sie alles Wichtige zur vulkanischen Entstehung der Felsnadel und seiner kultischen Bedeutung für die Altkanarier.

Zum Kultplatz!

Spannender aber ist die Begegnung *in situ*: Zum **Kultplatz** 2 in 1400 m Höhe gelangen Sie über einen steingepflasterten Serpentinenweg, der in einen schmalen Pfad längs der altkanarischen Festungsmauer übergeht; im Schlussteil geht es über eine schwindelerregend steile Treppe hinauf (Aufstieg insgesamt 30 Min.). Überwältigend ist von oben der Blick: Gen Westen sehen Sie über einen Grand Canyon bis zum Meer, gen Osten erblicken Sie den Wolkenfels als in die Landschaft gesetztes Ausrufezeichen. Gen Nord und Süd reihen sich Staffeln schier endloser Schluchten und Grate. Doch auch der Nahblick überrascht: Auf

INFOS/ÖFFNUNGSZEITEN

Centro de Interpretación Roque Bentayga 1: www.grancanaria.com/bentayga, Di–So 9.30–16.30 Uhr, Eintritt frei

KULINARISCHES FÜR ZWISCHENDRIN

Wer essen will, folgt der GC-60 nordwärts ein paar Kilometer nach **Tejeda** 1 bzw. südwärts nach Ayacata, wo in mehreren Ausflugslokalen Hausmannskost aufgetischt wird. Kurz vor dem Linksabzweig zum Roque Nublo bekommt man in der **Casa Melo** 2 schmackhafte Tapas und Eintöpfe (Di–So 9.30–17.30 Uhr, um 15 €). 2 km südlich macht das Lokal **La Candelilla** 3 seine schlechtere Lage durch üppige Portionen wett (T 928 17 22 81, wechselnder Ruhetag, um 12 €).

dem 6 x 3,5 m großen Felsplateau wurde ein Altar ins Gestein geschlagen, runde Vertiefungen im Boden dienten dem Trankopfer.

Versenkt im Tal

Einige Weiler, die zu den abgelegensten der Kanaren zählen, sind nur über eine 10 km lange Stichstraße zugänglich. Man erreicht sie, indem man ein Stück zurückfährt in Richtung GC-60 und an der Gabelung links abbiegt nach El Roque. Ein erster Stopp ist nach 3,5 km im Weiler El Roque möglich, dessen wenige Häuser sich zwischen eine Felsspalte zwängen. Dann kommen Sie nach **La Solana** 3, das Dorf ›auf der Sonnenseite‹. Die ziegelgedeckten Katen scharen sich rings um eine Mini-Plaza mit Kapelle und einer Bar. Spaß macht es, die verschlungenen Gässchen abzulaufen und sich in vergangene Zeiten zurückzuversetzen. Ein kleiner Barranco trennt La Solana vom Nachbarweiler **El Chorrillo** 4. Auch hier lohnt sich eine kleine Rast: Man steige hinauf zur Plaza und werfe einen Blick auf den gewaltigen Roque Bentayga – unwillkürlich hofft man, er möge nie zu Tal stürzen!

B
BENTAYGA

Bentayga bzw. Ventayga hieß ein altkanarischer Guerrillero, der die Spanier mit seinen Überraschungsangriffen so sehr beeindruckte, dass sie ihn nach der Kapitulation als Kollaborateur für die Eroberung Teneriffas anheuerten. Bentayga, der später den christlichen Namen **Antonio La Sierra** annahm (›Antonio aus dem Gebirge‹), erhielt als Gegenleistung für seinen Einsatz Land, das den Guanchen, den Ureinwohnern Teneriffas, geraubt wurde.

Roque Bentayga

0   2 km

El Roque   Tejeda   1

Cuevas Caidas

Roque Bentayga 1404 m 2 1

La Solana 3

4 El Chorrillo   El Espinillo

La Culata

El Carrizal

Parque Rural

GC-606

Timagada

El Nublo

Roque Nublo 1803 m   GC-600

Presa de los Hornos

Ayacata 2

El Juncal

3

GC-60

Faltplan: D 4 | Anfahrt: Mit dem PKW über die GC-60

Fels und Schnee – **Roque Nublo und Pico de las Nieves**

Der eine ist Gran Canarias markantester Felsturm und kann auf einem leichten Wanderweg umrundet werden. Der andere ist mit knapp 2000 m der höchste Inselgipfel und über eine Serpentinenstraße erreichbar.

Wolkenfels

Der **Roque Nublo** `1` ist Gran Canarias geologisches Wahrzeichen. Ist sein Sockel von Wolken umhüllt, scheint der 65 m hohe Felsturm schwerelos über dem weißen Meer zu schweben. Dann erinnert er an ein Schiff, das sich dem Horizont entgegenstemmt oder an eine geheimnisvolle Riesenskulptur. Die Tour zum 1813 m hohen Giganten lohnt freilich eher bei Sonnenschein, wenn sich nach allen Seiten Tief- und Weitblicke eröffnen.

Vom Parkplatz La Goleta folgen Sie dem breiten, von Ginster gesäumten Kammweg S-70 geradeaus. Während unten im Tal die weißen Häuser von Ayacata wie Spielzeugwürfel anmuten, ragt geradeaus der Wolkenfels auf, links von ihm betet der felsige ›Mönch‹. Man erreicht ihn nach 800 m an einer Gabelung, an der man sich rechts hält (Richtung La Culata) und – entgegen dem Uhrzeigersinn – die Umrundung des Nublo startet (geradeaus geht es direkt zum Berg). Nun laufen Sie im Schatten von Kiefern und erhaschen zwischen den Ästen Ausblicke auf steile Schluchten.

Nach 700 m ignorieren Sie einen Rechtsabzweig nach La Culata und genießen von der ›Bugseite‹ des Nublo-Massivs ein grandioses Panorama – die gesamte **Caldera de Tejeda** liegt Ihnen zu Füßen! Nach weiteren 15 Min. ist eine Gabelung erreicht: Hier geht es links weiter (Richtung La Goleta), nun etwas steiler. Am Ende des Aufstiegs wartet wieder eine Gabelung, an der Sie scharf links einschwenkend (Richtung Roque

Verstehen Sie nun, warum der Roque Nublo ›Wolkenfels‹ heißt? Und im Hintergrund erahnen Sie die Silhouette der Nachbarinsel Teneriffa mit dem fast 4000 m hohen Teide.

Nublo) das 1743 m hohe Plateau des Wolkenfels'
erreichen. Aus der weiten, mit Steinen übersäten
Fläche ragt monumental der Basaltturm auf, an
seinem Fuß kauert ein steingewordener Riesen-
frosch. Haben Sie sich sattgesehen an diesem
magischen Ort, kehren Sie zur letzten Gabelung
zurück und folgen dem Weg nach links zum
Startpunkt.

Schneegipfel

In sanften Kehren führt die GC-600 an Picknickplätzen vorbei zu einer markanten Kreuzung.
Mit der GC-130 geht es rechts weiter zum
1949 m hohen **Pico de las Nieves** **2**, der sich im
Winter – für ein oder zwei Tage – weiß gepudert
zeigt. Zwar ist der Gipfel selbst von einer Mili-
tärstation ›besetzt‹, doch großartig ist der Blick
vom Wendeplatz knapp unterhalb: Über die
schroffen Hänge der Caldera de Tirajana reicht
er bis zu den Dünen an der Inselsüdspitze und
über Kiefernwälder hinweg zum Roque Nublo
und Roque Bentayga. Sie können aber auch einem kurzen, geländergesicherten Felssteig hin-
auffolgen, um in die jähen Abgründe auf der
anderen Seite zu schauen – eine Tafel erläutert
die Felsgiganten ringsum.

Bevor Sie Gran Canarias
höchsten Gipfel errei-
chen, lohnt ein Stopp
am kuriosen **Pozo de
Nieve** **3** (Schneebrun-
nen). Er veranschaulicht,
wie der Schneegipfel
zu seinem Namen kam:
Unter einem großen
Holzdach befindet sich
eine tiefe Grube, in
der sich dank niedriger
Temperaturen im Winter
Schnee sammelt. Früher,
als es noch keinen
Kühlschrank gab, war
Eis eine begehrte Ware:
Es wurde eingestampft
und in 40 kg schweren,
gut verpackten Blöcken
auf Eselsrücken zu Tal
getragen.

INFOS

Roque Nublo und **Pico de las Nieves**
sind via Ayacata bzw. Cruz de Tejeda
nur per Auto erreichbar – der Parkplatz
La Goleta am Roque Nublo befindet sich
an der GC-600, Km. 11,2.
Wer den Bus nimmt, fährt mit Linie 18
bis Ayacata und folgt ab der Dorfkapelle
dem einstündigen Weg S-70 La Goleta
zum Startpunkt.

Der vorgeschlagene Weg ist leicht und
dauert 2 Std.

Wer den Wolkenfels nicht umrunden,
sondern direkt ansteuern will, läuft nur
1.30 Std. hin und zurück, muss sich den
Weg aber mit vielen anderen teilen.

KULINARISCHES FÜR ZWISCHENDRIN

Bei gutem Wetter stehen mobile Bars
am Parkplatz von Roque Nublo (La
Goleta) und Pico de las Nieves.

Faltplan: D/E 5

Hin & weg

Mit dem Flugzeug

Fast alle Urlauber aus Mitteleuropa kommen mit dem Flieger und landen nach vier bis fünf Stunden auf der Insel. Alle großen Flughäfen Europas unterhalten Direktverbindungen nach Gran Canaria; besonders vielfältig ist das Angebot im Winter. Für einen einfachen Flug zahlt man je nach Saison und Airline 100 bis 350 €. Dieser Preis wird oft durch Billigflieger wie www.ryanair.com und www.eurowings.com unterboten, die verstärkt auf den Markt drängen. Mit Buchungsportalen wie www.skyscanner.net und www.ltur.com können sie sich für den gewünschten Termin die günstigste Verbindung heraussuchen. In der Regel gilt: Frühbucher zahlen weniger

Ankunft am Flughafen

Gran Canarias Flughafen, der Aeropuerto Gando, liegt im Osten der Insel. Urlauber, die pauschal gebucht haben, werden vom Reiseveranstalter per Bus ins Hotel gebracht. Die Transferzeit zu den Touristenorten der Südküste beträgt 20–30, zur Südwestküste 40–50 und nach Las Palmas 35 Min. Wer individuell reist, kann auf dem Flughafen auf eine gute Infrastruktur zurückgreifen Es gibt eine Info-Stelle, Autoverleihfirmen, öffentliche Busse und Taxis.

Transfer zu den Ferienorten

Auf der GC-1 kommt man vom Flughafen schnell in den Süden wie in den Norden. Im Taxi zahlt man für eine Fahrt in die Ferienzentren des Südens 42–50 €, nach Las Palmas 37–40 €. Mit Bus 66 geht es von 7.230 bis 20.30 Uhr stdl. zu den Ferienorten der Costa Canaria (ab Faro Maspalomas mit Anschluss z. B. nach Puerto Rico, Playa Amadores und Puerto de Mogán). Bus 60 bringt Urlauber vom Flughafen nach Las Palmas: ab 6.15 Uhr alle 30 Min. zum Busbahnhof San Telmo, und ins

Strand- und Hafenviertel Santa Catalina. Von der Estación de Guaguas San Telmo geht es weiter über Santa Brígida nach Vega de San Mateo, Cruz de Tejeda und Tejeda, über Agaete nach La Aldea de San Nicolás. Details zum Streckennetz, Fahrplänen und Preisen finden Sie auf der gut aufbereiteten Website www.guaguasglobal.com.

Ausweispapiere: Es ist ein gültiger Personalausweis bzw. Reisepass mitzuführen. Auch Kinder benötigen eigene Reisedokumente. EU-Bürger können unbegrenzt auf Gran Canaria bleiben, Schweizer ohne Visum bis zu drei Monaten. Wer auf Hund oder Katze im Urlaub nicht verzichten mag, muss wissen: Mitgebrachte Tiere benötigen einen EU-Heimtierausweis, in dem ihr Name, Alter, Rasse und Geschlecht sowie die Kennzeichnungsnummer vermerkt sind. Hunde und Katzen müssen durch eine Tätowierung oder einen Mikrochip gekennzeichnet sein. In einem Begleitdokument muss der gültige Impfschutz gegen die Tollwut nachgewiesen werden.

Zollbestimmungen: Die Kanarischen Inseln gehören zum Zollgebiet der EU, haben aber abweichende Mehrwert- und Verbrauchssteuern. Deshalb gelten für auf Gran Canaria gekaufte Waren die Mengen für Reisen aus Drittländern (Mindestalter 17 Jahre): 200 Zigaretten oder 100 Zigarillos oder 50 Zigarren oder 250 Gramm Rauchtabak oder eine anteilige Zusammenstellung dieser Waren; 1 l Spirituosen (über 22 %) oder 2 l Spirituosen (bis 22 %); 4 Liter nicht schäumender Wein und 16 Liter Bier, außerdem Arzneimittel für den persönlichen Bedarf und andere Waren bis zu einem Wert von insgesamt 430 € (bei Reisenden unter 15 Jahren 175 €). Bei Schweizern darf der Gesamtwert der mitgeführten Waren 300 Franken nicht übersteigen. Die Ausfuhr von Tier- und Pflanzenarten, die vom Aussterben bedroht sind, ist verboten.

GESUNDHEIT

EU-Bürger mit Europäischer Krankenversicherungskarte (EHIC) werden in den örtlichen Centros de Salud (Gesundheitszentren) kostenlos behandelt. Auch für die Notversorgung im Inselkrankenhaus muss man nichts bezahlen. Es befindet sich in der Hauptstadt Las Palmas im Stadtteil La Minilla (Hospital Universitario de Gran Canaria Dr. Negrín, Barranco de la Ballena, T 928 45 00 00). Wer einen Privatarzt aufsucht, zahlt die Rechnung vor Ort und lässt sich die Kosten später von der Versicherung erstatten (detaillierte Rechnung nicht vergessen, spanisch: *factura*). Um mögliche Zuzahlungen auszuschließen, empfiehlt sich eine Reisekrankenversicherung für wenige Euro. In den Ferienzentren des Südens gibt es viele deutsche Privatärzte – ihre Visitenkarten liegen in Info-Büros und Hotels aus.

INFORMATIONSQUELLEN

In Deutschland
Allgemeine touristische Auskünfte erhalten Sie unter www.spain.info
Spanisches Fremdenverkehrsamt:
10707 Berlin, Lichtensteinallee 1, 10787 Berlin, T 030 882 65 43, berlin@tourspain.es

In Österreich
Spanisches Fremdenverkehrsamt:
Walfischgasse 8, 1010 Wien, T 01 512 95 80, viena@tourspain.es

In der Schweiz
Spanisches Fremdenverkehrsamt:
Seefeldstr. 19, 8008 Zürich, T 044 253 60 50, zurich@tourspain.es

Auf Gran Canaria
Die Hauptstadt Las Palmas sowie fast alle Gemeindeorte und Ferienzentren haben Info-Büros eingerichtet (Adressen s. Orte).

GRAN CANARIA IM INTERNET

www.grancanaria.com
Portal des örtlichen Fremdenverkehrsamts (auf Deutsch), wichtige Grundinfos und Aktivangebote, Videos, Webcams und Fotos; auch anstehende Feste werden vorgestellt.
www.holaislascanarias.com
Offizielle Website aller Kanarischen Inseln: mit Bildergalerien und Videos – schön zur Einstimmung.
http://turismo.maspalomas.com
Die Homepage der Costa Canaria, der Ferien-Resorts im Süden der Insel, bietet allgemeine Infos und viele schöne Bilder.
www.lpavisit.com
Offizielle Website der Hauptstadt mit einem aktuellen Veranstaltungskalender, Hotel- und Restaurant-, Shopping- und Sportübersicht.
www.miplayadelascanteras.com
Profi-Fotograf Tino ist in den Stadtstrand von Las Palmas verliebt und beleuchtet ihn aus allen erdenklichen Blickwinkeln. Mit Webcam.

KLIMA UND REISEZEIT

Nicht umsonst gilt das Kanaren-Klima als eines der besten der Welt: Im Winter wie im Sommer, am Tag wie in der Nacht ist es angenehm mild. Die geringen Temperaturschwankungen fühlen sich nicht nur gut an, sie tun auch dem Körper gut! Mit einer Durchschnittstemperatur von 20 °C im Winter und 25 °C im Sommer gibt es – zumindest an der Küste – kaum ausgeprägte Jahreszeiten. Die Nachttemperaturen fallen auf 12 bzw. 18 °C. Aufgrund des Passats ist es im Inselnorden etwas kühler als im Süden. Fahren Sie in die Berge, wird es pro 100 zurückgelegten Höhenmetern etwa ein Grad kälter!
Tipp: Schützen Sie sich vor der Sonne und der starken UV-Strahlung, nehmen Sie Sonnenschutzmittel mit hohem Lichtschutzfaktor mit!

REISEN MIT HANDICAP

Infos erhält man beim Club Behinderter und ihrer Freunde e. V., T 069 970 52 20, www.cebeef.com

SPORT UND AKTIVITÄTEN

Baden

Auf Gran Canaria können Sie ganzjährig in die Fluten steigen, nie fällt die Wassertemperatur unter 18 °C. Und da sie im Sommer nicht über 24 °C steigt, ist das Bad immer erfrischend! Ebbe und Flut sind nicht so ausgeprägt wie etwa an der Nordsee, doch Brandung und Strömung sind stark. Achten Sie deshalb auf die Beflaggung: Rot heißt Baden verboten (Geldstrafe droht!), bei Gelb ist Vorsicht angesagt, bei Grün besteht keine Gefahr. Achten Sie auch auf die ›Quallenflagge‹! Am sichersten sind durch Riffs oder Wellenbrecher geschützte Strände, so in Patalavaca, Puerto Rico, Puerto de Mogán und Las Palmas.

An allen größeren Stränden können gegen Gebühr Liegen und Sonnenschirme ausgeliehen werden, an manchen auch Tret- und Paddelboote. FKK ist offiziell an einem Abschnitt der Playa del Inglés erlaubt, in Maspalomas gibt es auch ein kleines FKK-Resort: Las Magnolias. T 928 77 01 22, www.magnoliasnatura.com, Ap. ab 65 €.

Golf

Klein ist die Insel, doch sie hat sieben Golfplätze. Die meisten befinden sich im Inselsüden, wo Vier- und Fünfsternehotels auf den saftigen Grundpreis Ermäßigung anbieten; dazu gibt's oft Gratis-Shuttle.

Maspalomas Golf: Der 18-Loch-Platz, der Dünenlandschaft vorgelagert, bietet große, nicht allzu schnelle Grüns (www.maspalomasgolf.net).

Meloneras Golf: Zwischen zwei feudalen Resorts liegt dieser 18-Loch-Platz; hin und wieder muss der Ball über kleine Schluchten gespielt werden (www.lopesan.com).

Salobre Golf: Die anspruchsvolle 36-Loch-Anlage im Hinterland der Costa Canaria ist in eine wüstenhafte Berglandschaft eingebettet. Nebenan befindet sich das Fünfsternehaus Sheraton (www.salobregolfresort.com).

Anfi Tauro Golf: Ein 18-Loch-Meisterschaftsplatz und ein 9-Loch Pitch- & Putt-Course an der Südwestküste (https://anfi.com).

Golf Bandama: Spaniens ältester Golfplatz von 1891 liegt attraktiv am Fuß eines markanten Vulkankegels. Er bietet von 18 Löchern Weitblick aufs Meer oder auf die Berge (www.realclub degolfdelaspalmas.com).

Las Palmeras Golf Las Palmas: An den 18-Loch-Platz hinter dem Strand beim Krankenhaus ist eine Golfschule angeschlossen (www.laspalmerasgolf.es).

Cortijo Golf: 18-Loch-Platz in wenig attraktiver Umgebung bei Telde (www.elcortijo.es)

SICHERHEIT UND NOTFÄLLE

Gran Canaria ist ein sicheres Reiseziel. Freilich sollten Sie nichts im Auto lassen und zum Strand keine Wertsachen mitnehmen. Bei Diebstahl müssen Sie sich von der örtlichen Polizei ein Protokoll ausstellen lassen, um den Schaden bei der Versicherung zu melden.

Notruf: 112 ist die zentrale Gratis-Nummer für alle Fälle (Unfall, Krankheit, Feuer, Überfall). Sie ist rund um die Uhr besetzt und wird auch auf Deutsch bedient.
Karten sperren: Wer Bank- oder Kreditkarte bzw. das Mobiltelefon verloren hat, sollte unter T 0049 11 61 16 bzw. 0049 30 40 50 40 50 den Zugang sperren lassen (www.kartensicherheit.de).

Die schönsten Strände

San Agustín: An den drei kleineren, eher dunklen Stränden sorgen von der Brandung geschliffene Felsen für eine Prise Wildheit.

Playa del Inglés/Maspalomas: Der helle, 6 km lange Sandstrand, an den sich landeinwärts eine große Dünenlandschaft anschließt (▶ S. 44), ist einer der schönsten der Kanaren.

Playa de la Verga (Anfi) in Patalavaca: Der kleine weiße Strand ist attraktiv mit Palmen bepflanzt.

Playa Amadores: Künstlich angelegter Strand mit weißem Sand und türkisfarbenem Wasser, durch Wellenbrecher geschützt.

Puerto de Mogán: Die gleichfalls durch Wellenbrecher geschützte Sandbucht ist in den Weihnachts- und Osterferien sehr voll!

Playa de Sardina: Kleiner heller Strand im äußersten Nordwesten, werktags meist leer.

Las Palmas: Die Playa de las Canteras wird oft mit Ríos Copacabana verglichen. Sie ist 4 km lang und auf fast voller Länge durch ein Riff geschützt.

Surfen

Wellenreiten ist v. a. im Inselnorden angesagt, wo die Brandung höher ist. In der Hauptstadt bietet die polyglotte Surfschule Ocean Side Anfänger- und Fortgeschrittenenkurse (www.grancanariasurf.es, s. auch Mojo Surf ▶ S. 28). Für Wind- und Kite-Surfen ist der windstarke Südosten die beste Adresse. Pozo Izquierdo hat sich voll auf Surfer eingestellt; Surfschulen gibt es auch im benachbarten Bahía Feliz (www.fanaticboarderscenter.com/de).

Wandern

Langsam spricht es sich herum, dass Gran Canaria ein ungewöhnliches Wanderrevier ist: Palmenhaine und mitteleuropäisch anmutende Bergalmen, Lorbeer- und Kiefernwälder, Stauseen und einsame Strände warten darauf, entdeckt zu werden! Abwechslungsreiche Touren führen hinab in einen großen Vulkankrater bzw. aussichtsreich rings um den oberen Kraterrand (▶ S. 92),

---

MOUNTAINBIKEN

Aufgrund der großen Höhenunterschiede ist eine gute Kondition nötig: von der Küste zum Schneegipfel sind es immerhin 2000 Höhenmeter! Das Straßennetz ist gut ausgebaut, gern nutzen Biker auch Forstpisten. Räder sowie geführte Touren bietet die Agentur **Free Motion** in den Ferienorten des Südens. In Santa Brígida im Norden gibt es mit der **Villa del Monte** eine komfortable Bike-Unterkunft (▶ S. 91), beste Adresse in der Hauptstadt ist **Rent-A-Bike**, Calle 29 de Abril 63, T 605 06 10 24, www.rental-bike-station-gran-canaria.com mit Radverleih, Shuttleservice und Buchverkauf.

---

hinauf zu ›Wolkenfels‹ und ›Schneegipfel‹ (▶ S. 106) sowie zu altkanarischen Kultplätzen (▶ S. 56, S. 104). Ein Highlight ist die Rundtour am höchsten Pass – mit atemberaubenden Ausblicken auf ein ›versteinertes Gewitter‹ (▶ S. 98). Einige Wege wurden in den letzten Jahren markiert, doch wer viel wandern will, kommt kaum umhin, ein detailliertes Wanderbuch zu besorgen (mit GPS-Tracks und jedes Jahr frisch: Izabella Gawin, Gran Canaria, Wandern auf einem Miniaturkontinent – 72 ausgewählte Touren an den Küsten und im zentralen Bergland, Bergverlag Rother 2019). Eine gute Empfehlung ist das Walking Festival in der zweiten Oktoberhälfte: Teilnehmer haben die Wahl zwischen mehreren Routen, für kostenlosen Transport und Verpflegung ist gesorgt! Infos: Gran Canaria Natural, Tel. 928 33 41 75, www.grancanariawalkingfestival.com/de.

Wellness

Alle neueren Vier- und Fünfsternehotels bieten pompöse Spas (www.grancanariawellness.com). Das Gloria Palace mit seinen Häusern in San Agustín und Playa Amadores (▶ S. 58) hat sich auf Thalasso spezialisiert und verfügt über die größten Indoor-Badelandschaften

(Hydromassagen, Trocken- und Dampf-saunen, Kneippgang u. a.). Optisch sehr ansprechend sind die Wellness-Tempel der Seaside-Kette (z. B. Palm Beach in Maspalomas ► S. 43) sowie von Lopesan (z. B. Costa Meloneras mit ›Totem Meer‹ ► S. 48 und Villa del Conde mit Ocean View Suites). Kleinere Hotels mit Spa, etwa in Puerto de las Nieves (► S. 71), haben den Vorteil, dass Sie sich die Einrichtungen mit nur wenigen Gästen teilen müssen.

ÜBERNACHTEN

Von all inclusive an der Küste bis länd-lich in den Bergen, vom Wellness-Tem-pel bis zum Ferienhaus mit Privatpool, vom Biker- bis zum Boutique-Hotel: Viele Jahrzehnte Tourismus haben auf der Insel unterschiedlichste Unterkünfte entstehen lassen. Die meisten Urlauber fahren nach Gran Canaria, um zu baden und Sonne zu tanken. Das Gros der Unterkünfte befindet sich deshalb in Strandnähe: zwischen San Agustín im Süden und Puerto de Mogán im Süd-westen. Viele Hotels sind in den letzten Jahren neu entstanden bzw. wurden aufwändig umgestylt. Außer Pools bieten sie jetzt Spas mit Saunen, Erleb-nisduschen und Hydromassagen. Ältere, nicht renovierte Häuser entsprechen nicht mehr den heutigen Komforterwar-tungen und sind kaum günstiger.

Auf dem Land
Das Kontrastprogramm zu den Ferienzentren im Süden ist *turismo rural.* Statt Mega-Hotels gibt es kleine, romantische Unterkünfte, in denen die Gäste oft persönlich von den Besitzern umsorgt werden (z. B. sehr romantisch in Las Calas ► S. 87 oder auf der Finca Monte Cristo ► S. 43). Mit EU-Geldern wurden bereits über 100 historische Häuser restauriert und komfortabel eingerichtet. Die Palette reicht von der einfachen Bauernkate bis zum feudalen Gutshof. Doch sollte man bei der Buchung Lage und Höhe der je weiligen *casa rural* berücksichtigen: Im

Norden ist es feuchter als im Süden und pro 100 Höhenmeter ein Grad kälter als an der Küste. Vermittelt werden die Häuser auf Gran Canaria über:
Gran Canaria Fincas: (Buchungszent-rale des lokalen Fremdenverkehrsamts) T 928 33 41 75, www.grancanarianatu ralandactive.com
Casitas Canarias: T 928 46 44 64, www.casitascanarias.com
Daneben gibt es Ferienhäuser jüngeren Datums, die in Deutschland über folgen-de Agenturen vermittelt werden:
Las Casas Canarias: T 928 58 00 30, www.lascasascanarias.com
Finca Ferien: T (in Deutschland) 05067 65 26, www.fincaferien.de.

HOSTELS IM AUFWIND

Die jungen Leute freut's: Vielerorts sind Hostels entstanden, die einen preiswerten Urlaub ermöglichen, so in Artenara und Agaete, La Aldea de San Nicolás, Tasarte Puerto de Mogán und Pozo Izquierdo. Hervor-ragend ist das **Tropical House** in einer fantasievoll restaurierten Alt-stadtvilla in Las Palmas (s. S. 23).

Camping
Wildes Campen ist verboten, doch gibt es mehrere Campingplätze (Schlafsack nicht vergessen!). An der Westküste liegt direkt am Strand Camping Villamar (Playa del Asno/Tasartico, T 696 92 41 63). In einer kleinen Palmenoase, von der Südküste 7 km landeinwärts, öffnet Camping El Pinillo mit Holzhütten und Pool (Barranco de Arguineguín, T 629 90 78 26, http:// clubccgc.com). Am besten ausgestattet ist Camping Playa de Vargas im Osten mit modernen sanitären Anlagen, Minimarkt, Lokal, Grillplatz und Surf-Equipment (Ca-mino Vecinal de Vargas, T 928 18 80 37, www.campingplayadevargas.com). Für Wanderer empfiehlt sich Campamento El Garañón in den Bergen (Zufahrt von der GC-600, Km. 6,9, T 928 41 32 82, www. vivacaventura.com). Im Niemandsland zwischen Agüimes und Santa Lucía hält

sich Camping Temisas (Lomo de la Cruz, Ctra. Santa Lucía–Agüimes via Era del Cardón, T 928 79 81 49).

Online buchen

Der entscheidende Vorteil ist der schnelle Preisvergleich. Je genauer die Vorstellung von der Reise (Termin, Ort, Anzahl der Reisenden), desto konkreter ist das Preisangebot. Es lohnt sich, die Anfrage durch mehrere Buchungsportale laufen zu lassen: www.booking.com, www.trivago.com, www.tripadvisor.com, www.holidaycheck.de. Da viele Hotels mit »garantiertem Tiefstpreis« werben, empfiehlt es sich, auch einen Blick auf deren Website zu werfen. Bitte auch vorsichtig sein bei Buchungen über Airbnb: Nicht selten werden Unterkünfte vermietet, die sich werbewirksame Namen geben und auch in Bildform tolle Aussicht versprechen, sich aber vor Ort als wenig attraktive Wohnungen in dunklen Seitenstraßen entpuppen!

VERKEHRSMITTEL

Busse

Busse heißen *guaguas* und werden von der Gesellschaft Global bedient; Fahrpläne bekommen Sie an den Busbahnhöfen (www.guaguasglobal.com). Für die Stadtbusse von Las Palmas gibt es Mehrfachfahrkarten *(bono guagua),* mit denen sich die Fahrt um 20 % verbilligt (www.guaguas.com). Wer keinen Bono hat, zahlt bar.

Mietwagen

Aufgrund der großen Konkurrenz ist die Automiete günstig, online und ab drei Tagen gibt es Rabatt. Die Kosten belaufen sich auf 15–30 € pro Tag inkl. Steuer und Versicherung. Man kann das Auto vor der Reise buchen oder erst vor Ort. Vorzulegen sind Ausweis und nationaler Führerschein, gezahlt wird meist mit Kreditkarte (sonst Kaution). Die namhafteste kanarische Firma ist CICAR (am Flughafen, den Fährhäfen von Las Palmas und Agaete sowie in allen Ferienzentren, T 928 82 29 00, www.cicar.com).

Tanken: Tankstellen *(gasolineras)* sind Mo–Sa von früh bis spät geöffnet, So aber oft geschlossen! Sprit ist bedeutend günstiger als auf dem Festland, Bleifrei 95 kostet ca. 1,20 € pro Liter.

Verkehrsregeln: In Orten gilt Höchstgeschwindigkeit von 50 km/h, auf Landstraßen 90 km/h, auf Schnellstraßen 100 km/h und auf der Autobahn 120 km/h. Links abbiegen ist oft durch eine Abbiegeschleife zwingend geregelt. 100 m vor Kuppen ist das Überholen verboten, ebenso auf Straßen, die nicht mindestens 200 m zu überblicken sind. Es besteht Gurtpflicht, für Kinder unter drei Jahren sind Kindersitze vorgeschrieben. Ein gelb angestrichener Bordstein bedeutet Parkverbot (Abschleppgefahr), die Farbe Blau signalisiert, dass man einen Parkschein braucht. Telefonieren ist nur mit Freisprechanlage erlaubt, die Promillegrenze liegt bei 0,5, für Führerscheinneulinge bei 0,3. Verstöße werden mit hohen Geldstrafen belegt!

Taxis

Taxifahren ist teuer. Auf einer ausliegenden Preisliste sollten die aktuellen Tarife zuzüglich möglicher Hafen-, Feiertags-, Nacht- und Gepäckzuschläge verzeichnet sein. Der Fahrpreis wird mit dem Taxameter berechnet, er sollte erst nach dem Einsteigen eingeschaltet werden. Bei längeren Fahrten sollte man sich vor Fahrtantritt auf einen Festpreis einigen.

Schiffe zu den Nachbarinseln

Zu den Nachbarinseln fahren Auto- und Passagierfähren. Ab Las Palmas kommen Sie zu allen Inseln, zu den Westinseln zusätzlich ab Agaete. Bedient werden die Linien von den Reedereien Olsen (www.fredolsen.es) und Armas (www.naviera-armas.com). Zum Fährservice Gran Canaria ▶ S. 60

Flüge zu den Nachbarinseln

Binter (www.bintercanarias.com) und Canary Fly (www.canaryfly.es) fliegen mehrmals tgl. nach Fuerteventura, Lanzarote, Teneriffa, La Palma, Gomera und El Hierro.

buenos días

Guten Tag!
meist nur gesprochen: buendia

*una hora menos
en Canarias*

¿Es esta la guagua para ...
(Las Palmas)?

Eine Stunde weniger auf den
Kanaren
Sie müssen die Uhr zurückstellen!

GUANCHE

Ist das der Bus nach ...
(Las Palmas)?

Ureinwohner
der Kanaren

GODOS FUERA

guiris

Goten raus!
soll heißen: Festlandspanier haben auf den
Kanaren nichts zu suchen!

CABEZAS CUADRADAS

ach, diese Touristen, die bei klammen
20 °C in Shorts über die Insel stapfen

eine Unterart der
guiris, die sogenannten
Quadratköpfe

papa

*la octava
isla canaria*

weder Vater noch Papst, sondern die Kartoffel!

gemeint ist Venezuela – kaum
ein Canario hat dort keine
Verwandten

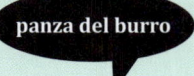

panza del burro

*Chicharreros, Conejeros,
Majoreros*

der Himmel ist grau wie der
Bauch eines Esels

*Spitznamen für die Nachbarn: Sardinlinge (Teneriffa), die von der
Karnickelinsel (Lanzarote), die über die Erde schreiten (Fuerteventura)*

Register

Das Klima im Blick

Reisen bereichert und verbindet Menschen und Kulturen. Wer reist, erzeugt auch CO_2. Der Flugverkehr trägt mit bis zu 10 % zur globalen Erwärmung bei. Wer das Klima schützen will, sollte sich – wenn möglich – für eine schonendere Reiseform entscheiden oder die Projekte von atmosfair unterstützen. Flugpassagiere spenden einen kilometerabhängigen Beitrag für die von ihnen verursachten Emissionen und finanzieren damit Projekte in Entwicklungsländern, die dort den Ausstoß von Klimagasen verringern helfen (www. atmosfair.de). Auch die Mitarbeiter des DuMont Reiseverlags fliegen mit atmosfair!

Abbildungsnachweis

akg-images, Berlin: S. 81 (Album/Asf)

DuMont Bildarchiv, Ostfildern: S. 94/95 (Haenel)

Fotolia, New York (USA): S. 42 (Bledowski); 120/1 (Fouquin); 76/77 (Ilmberger); Umschlagklappe hinten (virginievanos); 25 (Znamenskiy)

Izabella Gawin, Lohmar: S. 26, 48, 54, 72, 92, 103, 120/3, 120/4, 120/5, 120/7, 120/8

Getty Images, München: S. 106 (Almeida); 88 (AWL Images/Lubenow); 98 (RossHelen) Titelbild, Faltplan (Slow Images)

iStock.com, Calgary (Kanada): S. 101 (Davidrb89); 8/9 (Saraiva); S. 7 (xavierarnau)

laif, Köln: S. 86 (Hilger); 96 (Kirchner); 11 (Sasse); 75, 90 (Steinhilber)

Look, München: S. 14/15 (Lubenow); 64/65, 71, 82 (Richter)

Mauritius Images, Mittenwald: S. 36 (Alamy); 17, 40, 84, 85 (Alamy/Alan Dawson News); 4 (Alamy/Howes/Wild Places Photography); 62 (Alamy/Insadco Photography); 34/35 (Alamy/Islandstock); 52, 66 (Alamy/Paredes); 58 (Hackenberg); 60 (imagebroker/Corneli)

picture-alliance, Frankfurt a. M.: S. 21, Umschlagklappe vorn (dpa/Medina G.); 120/9 (dpa/Urquijo A.); 120/2 (Hoch Zwei/Schöffel); 22 (Wilms)

Dieter Schulze, Lohmar: 120/6

Zeichnung S. 3: Gerald Konopik, Fürstenfeldbruck

Zeichnung S. 5: Antonia Selzer, Lörrach

Zitat

Umschlagklappe hinten: James Krüss, »Paquito oder Der fremde Vater«, 1978

Kartografie

DuMont Reisekartografie, Fürstenfeldbruck
© DuMont Reiseverlag, Ostfildern

Umschlagfotos

Titelbild: La Sorrueda
Umschlagklappe hinten: Felsküste bei Puerto Rico

Hinweis: Autorin und Verlag haben alle Informationen mit größtmöglicher Sorgfalt geprüft. Gleichwohl sind Fehler nicht vollständig auszuschließen. Alle Angaben erfolgen ohne Gewähr. Bitte schreiben Sie uns! Über Ihre Rückmeldung zum Buch und Verbesserungsvorschläge freuen sich Autorin und Verlag:
DuMont Reiseverlag, Postfach 3151, 73751 Ostfildern,
info@dumontreise.de, www.dumontreise.de

2., aktualisierte Auflage 2019
© DuMont Reiseverlag, Ostfildern
Alle Rechte vorbehalten
Autorin: Izabella Gawin
Redaktion/Lektorat: Heike Pasucha, Nadja Gebhardt
Grafisches Konzept: Eggers+Diaper, Potsdam
Printed in China

Kennen Sie die?

Kanarienvogel
Der beste Sänger der Kanaren eroberte die ganze Welt.

Ruano-Zwillinge
Gran Canarias Botschafterinnen sind nach altkanarischen Prinzessinnen benannt: Iballa und Daida haben viele Surf-Weltmeistertitel abgeräumt.

Alfredo Kraus
Einer der besten lyrischen Tenöre – Las Palmas' Auditorium ist nach ihm benannt.

Lolita Pluma
Eine liebenswerte ›Verrückte‹, grell geschminkt und von Katzen umringt – treffen Sie sie im Catalina-Park in Las Palmas!

Tenesor Semidán alias Fernando Guanarteme
König von Gáldar, letzter altkanarischer Herrscher – nach seiner Kapitulation Kollaborateur der kastillischen Krone

Guadalupe Martín Santana
Sie leitet Filmprojekte, liebt kanarische Literatur und promotet Autoren in ihrem digitalen Verlag ATTKeditores.

Benito Pérez Galdós
Scharfzüngiger Nationalschriftsteller, den in Spanien jedes Kind kennt

Gallotia stehlini
Die auf Gran Canaria endemische Rieseneidechse kann über 80 cm groß werden.

Martín Chirino
Einer der wichtigsten Bildhauer Spaniens – seine Stahlskulpturen sehen Sie vor allem in Las Palmas.